柏木義円と親鸞

近代のキリスト教をめぐる相克

市川浩史
Ichikawa Hirofumi

ぺりかん社

柏木義円と親鸞＊目次

I　柏木義円と親鸞

II　柏木義円の思想世界

【凡例・初出一覧】

一、年代の表記にあたっては、年号と西暦を適宜併用した。

一、漢字の表記は原則として、引用資料を含めて通行の字体とした。ただし、一部の固有名詞は除く。

一、資料の引用にあたって、判読不能の文字については、□で示した。また、資料中における引用者による注記は、〔 〕で示した。なお、引用資料内における傍点・傍線は、ことわりのないかぎり、原文の通りである。

一、本書収録の文章の初出は、次の通りである（初出に加筆・改稿のうえ収録）。

Ⅰ　第1章　柏木義円という人→書き下ろし

第2章　柏木義円と親鸞→『群馬県立大学紀要』第三六号（二〇一五年二月）

Ⅱ　第1章　柏木義円『希伯来書略解』について→書き下ろし

第2章　『霊魂不滅論』など→書き下ろし

第3章　柏木義円における二つの〈普遍〉→玉懸博之編『日本思想史 その普遍と特殊』（ぺりかん社、一九九七年）所収

補論　柏木義円の明治→『文芸研究』第一五〇集（二〇〇〇年九月）

I　柏木義円と親鸞

第1章　柏木義円という人——出自に即して——

はじめに

約四十年にわたって安中教会（もと日本組合教会所属、現在は日本キリスト教団所属）の牧師を勤めた柏木義円は、一九三八年（昭和一三）一月八日の未明、おそらく午前三時ころ睡眠中に逝去した。

その後柏木を悼む文章があちこちの伝道誌などに掲載された。そのうちのひとつに、長男隼雄氏の筆になる「父の思出」(1)という感慨深いものがある。当時、隼雄氏は安中より一里ほど碓氷峠よりにある原市教会の牧師であった。曰く、父義円は「常に私共子供達をいましめて曰く「神は常に必要のものを与え給ふ故決して不平を云ふな、又思ひ煩ふな」」、大言壮語や自己宣伝などは嫌いで、「新島〔襄〕先生に対しても純金は鍍金の要なしとよく云ふて居た、尚父の言葉に「雄弁は銀、沈黙は金」というのがある、そして父の生涯を通して私達に与へた深い印象は「誠」といふことば」であった云々。捨てがたい遺族のこれらの思い出についでつぎのように文章が続いている。「然し私共にとつて最も深く感謝すべきことは父が真実によき基督者としての生活を送り基督の伝道者と

なつてくれたことである」としたうえで、

柏木家は初代行存以来八代目、徳円（私の祖父）に至るまで、代々浄土真宗東本願寺派西光寺の僧侶であつたのだ。然るに不思議なる神の摂理によりて初代行存が出家した安中に於て父は洗礼を受けて基督者となり更に又安中教会牧師として四十年に近き牧師の生活を送った。

などと述べられている。亡父義円の思い出を語る長男のことばとして、亡き義円自身にかかわることがらとならべて、先祖以来の「柏木家」代々の故実が語られていることに少なからず驚く。義円の長男隼雄氏にしてこうであったのである。すなわち柏木義円という人物を語る際には、その出自について言及しないわけにはいかなかったということであろう。これは、それほど柏木義円には寺院の出であるという事実が重かったことを示している。

以下、柏木義円という人について、出自およびその意識をたどってみたい。(2)

一　寺という出自

柏木義円が生まれたのは、越後与板（現・新潟県長岡市与板町）の真宗大谷派西光寺である。柏木自身も折に触れてこの点に触れているが、そのなかでもまとまって書かれたものは、柏木晩年の『上毛教界月報』（以下、『月報』）四五九号（一九三六年一二月）に掲載された「我家と安中――告別」である。この年は牧師を辞任した翌年で、死去したのはこの二年後のことであった。このなかで柏木は西光寺について詳細に述べている。

備前国岡山の松平伊予守綱政の三百石取りの家臣柏木九郎右衛門の三男隼人は寛永年中に上州安中に来た。安中藩三万石の藩主であった井伊直好に召し抱えられることになり、藩では日置流の弓術指南にあたった。

ある時隼人は山中で子持ちの雌猿を射とめ、死んだ母猿の乳房に取り縋っている子猿を見て無常を観じた。折節安中を訪れた東本願寺第一三代門主宣如上人に師事して、寛永一三年（一六三六）大晦日に俄かに剃髪、出家した。宣如上人から行存の法名を与えられて柏木山西光寺を開創した。藩主直好公からは、合力米として禄を年に百俵与えられ、加えて奥方松平氏の妹おせんの方を妻に配された。おせんの方は井伊家の橘、松平家の丁子車の紋の入った蒔絵の薙刀や鏡台などを持参した。

行存とおせんの方のあいだに三子があり、長男は友右衛門といい知行百石、次男は弥一右衛門、同じく百石を与えられた。寺は三男行円が継ぎ、西光寺二世となった。このとき井伊家が三河西尾にお国替えになったのに伴い寺も西尾に移り、三世（周円）のときに遠江国掛川へ、四世（来慶）のとき江戸に、そして五世（義円、もちろんわれわれの九代目義円とは異なる五代目の義円）のときに越後与板に移ってきた。そして「予は正に其の八代である生れて四ヶ月父に別れ全く母の手で育った」。

寺が与板に移ったあと、安中にも寺は残り、同じく柏木山西光寺を名乗っていたが、のちに（東臨山）西広寺と改称し、現在に至っている、として西広寺の代々を紹介している。両寺は実質的には四代目から分かれたものとみえ、西広寺は四世長順（元禄五年十月九日没）、五世秀全（享保四年十二月二十六日没）と続く。西広寺と改めたのはこの秀全の代で、「御堂」もこのときに建立された。なお、延享三年三月には安中西広寺から浅草東本願寺輪番所へ出した書面に「〔安中から〕御国替のあとは妙清と申す尼相続仕門徒十人余」とある。

また西広寺には「安中一番の金もち　あはじ佐五兵衛と申者」が檀家におり、その淡路家は一族揃って金持で「皆善い檀家なり」と古い書類に書いてあった、と。このあと明治十一年、義円自身が一九歳で東京師範学校を出て群馬県碓氷郡土塩に来り、その翌年に今の細野小学校の最初の校長として赴任し、安中教会において受洗。後に、明治三十年、「牧師として復た此の祖先の地たりし安中に来て昨年六月に及び又明治三十一年十一月故大久保真次郎氏と共に本紙「上毛教界月報」を発刊し爾来岡部太郎氏や太田九之八氏近くは柏木隼雄氏等の助力を得て以て今日に及んだのであるが年を経る三十有八年号をかさぬること四百五十九唯天佑を感謝するのみにて候」と述べ、湯浅治郎氏からの「多大の応援」への謝辞を添えて、最後に「終りに臨んで柏木隼雄氏の内助に深く謝す」のことばで締めている。

たしかに「告別」というサブタイトルを付し、牧師辞任の直後（翌年）にものした文章なので、自身に関する多少の来し方を振り返ることもあるだろう。しかし、そのあまり、真宗寺院の住持となった先祖代々の法名まで列挙したことはいかに理解すればよいのか。柏木義円は、この文章をキリスト教伝道誌たる『上毛教界月報』の記事としてはややふわさしからぬ書きぶりとは思わなかったのだろうか。否、こうした内容が同誌にとってふさわしいかどうかは別として、少なくとも柏木義円自身はこのように書かざるをえなかった、ということであろう。すなわち、キリスト者・伝道者柏木義円の生涯は浄土真宗の寺の住持となった先祖、そしてその寺の法嗣として生まれ、育ったという事実から始められるべきことであった。しかし、隼人は九郎右衛門の子であり、したがって「柏木家」の先祖は隼人ではなく、それ以前にいたのである。しかし、柏木義円にとって「我家」柏木家を語ることは、真宗寺院西光寺開基の隼人こと行存以来の歴史を語ることであったのである。なお、浄土真宗は宗祖親鸞が「非僧非俗」という生き方を選択して以来、僧侶においては肉食妻帯は公然のこととされ、したがって寺院の住持職も世襲で相続されることが当然のことと考えられていた。

夏目漱石の薫陶を受け、その長女（筆子）と結婚した作家、松岡譲（一八九一〜一九六九）は新潟県古志郡石坂村（現・長岡市鷺巣町）の真宗大谷派に属する松岡山本覚寺の法嗣となるべき長男に生まれた。しかし、東京帝国大学に学ぶ以前の若年のころから、自身が寺、それも浄土真宗の寺に生まれ、檀家からの布施で住職一家の生活を維持し、あまつさえつぎの住職となるべき子弟の学費まで門徒に負担させているという真宗寺院をとりまく体制のありかた自体を疑問視し、かつ忌み嫌った。

そして、本来「善譲」という名によって寺の継嗣となるべき立場であったのに、それを嫌い、あえて「譲」と改名さえした。作家としての評価は別として、彼がこの出自について深くとらわれ続けたことは特筆に価する。まだ必ずしも作家として定評を得ていなかった三二歳の一九二三年（大正一二）六月から自伝的長編小説『法城を護る人々』の上巻が第一書房から、中巻が一九二五年、そして下巻が一九二六年に上梓されて完結した。なお「法城」は浄土真宗の最も重要な依経である無量寿経の「厳護法城開闡法門」（巻上）に基づく。

雑誌『我等』一九二三年九月号にこの小説の執筆にあたって「新刊書の著者より」としてつぎのように語っている。「私が長篇『法城を護る人々』を書きましたのは」としてつぎの四カ条にわたる執筆の背景、意図を列挙している。第一に「僧侶の生活を批判して見たかつたこと、第二「生活の底に横たはる人間のエゴイズムを、それが徹するところまでをつきつめて見たかつたこと」、第三「美しい名目の下に築かれた制度が、ある意味で新たな生命が他の処女地に成長して行く。こうした世相をある特種な興味ある社会によつて現はして見たかつたこと」、そして第四に「その必然の結論として、現在及び在来の所謂宗教生活者に向つて、ある革命的の考察を下して見たいと思つた事などです」であり、この作品の「根本的テーマ」は「僧侶の生活批判と人間のエゴイズムの追究」[4]であるとした。そして松岡は、その執筆の意図のとおり、やや饒舌な感のあるこの長編小説を書いたのである。そこでは、真宗寺院の住職や寺族の生活の実態、法会の開催などをめぐる僧侶の金銭ないし名誉欲、さらにそのような、いわば否定的なありかたを改めて真の信仰のよすがとなるべき寺院・教団として再生させようとする内部改革者の脆弱な動きなど、自らの経験に基づいた具体的な描写がなされている。

この小説は文壇や仏教界からは黙殺されたが、ベストセラーとなり多くの版を重ね、百版をかるく越したという。(5)なお、松岡譲の研究者である関口安義は、「松岡は現実の寺と僧侶生活とを憎み、呪いはしたが、その実、日本仏教に限りない思慕と愛着とを抱いていた」(6)と評価しているが、松岡が自ら言うごとき「現在及び在来の所謂宗教生活者に向つて、ある革命的の考察を下」すところまではとうてい達していない。ただ自分自身も含まれる真宗寺院の歴史をふまえた諸実態を否定的にとらえ、忌避し、それらを世の中に対してありのままに公表したということであって、とりたてて仏教界あるいは思想界などに対してなにがしかの建設的な提言をなしたわけではなかった。もちろん、このことがこの小説の意義を貶めることにはつながらないと思われるが。

翻って、柏木義円の場合はどうか。松岡譲の場合とをならべて考えてみたい。(7)一五、六歳の頃には西光寺という真宗寺院において住職同様のはたらきをなし、のちにキリスト教信仰にダイナミックに転回していった柏木と、生家である真宗寺院との密接なかかわりをつよく忌避し、罵倒したうえでそこから離れた松岡とを同次元において比較することはもちろん適当ではない。しかし、真宗寺院に生まれたという事実とその認識からその生涯が始まっているという点においては両者は同列に論じられてよいと思われる。

柏木が右の「我家と安中――告別」を執筆したのは、すでに晩年に及び、彼自身も安中教会牧師としての勤めを終えた直後であった。したがって文中の、先祖云々といったことがらはすでに固定した〈昔々のこと〉となっていて、対象化されていたと考えられる。(8)対象化したうえで柏木は淡々と家の歴史を叙述したのである。この叙述にはとくに気負っているとか、ことさらに何かを強く意識したとかというそぶりはみられない。淡々とした叙述のなかに、西光寺・西広寺代々の住職の法名を挙げて紹介し、寺・家と藩および東本願寺との関係を述べているのである。

これに対して、松岡の場合は、まだその筆致は生々しく、本覚寺との関係が客観化されているとは言い難い。まだまだ〈昔の話〉とはなり得ていないのである。したがって、本山や教団体制に対する憎悪や批判は充分に生きていた。やはりこの両者の文章から受ける印象の相違は、なによりもそれぞれが寺を出てから経過した時間の長さの違いに由来しているところ、大である。

柏木が『月報』上にその出自について最初に本格的に語ったのが一一四号（一九〇八年）の「母の死に就て」であった。この段階で柏木が小学校教員となるべく師範学校に入学するために寺を出てからすでに三十数年は経過していた。ここでは母やうの死去を報告しつつ、「母は元来信心に厚かりき予が先祖柏木隼人は寛永年中……」と母からすぐに先祖柏木隼人にまで遡及して語っている。この文章は死去した母について語ることが趣旨であったため、遡及して述べられた先祖の話題は副次的なものであったかもしれないが、とにかくすでにここでも淡々とした書きぶりが見られる。隼人が発心、出家ののち西光寺を開創して以来幕末・維新期に至り、廃藩置県の事態に及んで母が寺を存続する選択をした云々と平静である。とすれば、柏木義円が自らの「家」の歴史、つまり西光寺の歴史について語るとき、その最初の例から平静かつ客観的であり、自らの出自、境遇を対象化していたことが了解される。すなわち、柏木にとって西光寺の歴史はかなりはやい時期からすでに定まった対象となっていたものであったのである。注目すべきことは、柏木において西光寺の歴史は、それはすでに平静に語ることができる対象化されていた時点にあってなお、自らの来歴においても不可欠な要素であったということである。間違いなく、そのときの柏木には生家である寺を背景とした親鸞の影が差していた。

二　飛檐《ひえん》

柏木義円は、西光寺についての由緒書きのようなものをもっていたと思われる。これが一八八三年（明治一六）七月の与板大火の際に焼失を免れたわずかのものに含まれるのかどうかは不明であるが、一九二八年（昭和三）前後にこの写しなどを当時西光寺の住職を勤めていた安部照信宛に送ったようである。

柏木家が寺を退出したあと、替わって寺に入った鈴木台道とその子息が大火後残り少なくなった寺の財産などを根こそぎ奪って逃走したが、安部は、その後あらためて住職として入寺した。そして西光寺の来歴を調査していたのだが、そのためにすでに安中教会牧師として安中にいた柏木にも再三にわたって、聞き伝えられていた寺の歴史などを問い合わせていた。柏木もこれに対しては可能なかぎり丁寧に答えている。一九二八年（昭和三）四月の問い合わせに対する柏木の返書(9)に開創以来の西光寺の歴史を記したあとに「私ハ幼時一五六歳マテお寺ノ勤メヲ致居住職ト認メラレ居候ヘトモ未タ飛檐ノ継目ト申ス手続ハ致シ居ラス候。十六歳ニシテ他ヘ出テ候」。その後、小学校校長として安中付近にいたとき、キリスト教信者と接し、自らキリスト者となっていった云々、という自分自身の来し方を書き添えている。

これによれば、柏木は一五、六歳のころすでに周囲からは西光寺の事実上の住職として認められ、その勤めを果たしていたのだが、「飛檐ノ継目」は行っていなかった、という。要するに、彼はこのとき事実上の住職ではあったのだが、制度的に正式な住職ではなかった、という意味であろう。

西光寺は開創当初から「飛檐」として位置づけられていた。本山東本願寺から開山行存に宛てられた「御免状之写」には、

（御印）柏木山代々飛檐御免状之写
連々依望其方飛檐江出仕之儀就成
御免候難有□存候為其依願御印候者也
多賀主膳正
書判

寛永十四年十月廿三日辰刻
上野国碓氷郡安中郷
西光寺　行存[10]

とある。これによれば、開山行存の段階から寺は「飛檐」として位置づけられていたことがわかる。ついで、寺が三河西尾にあった頃、二世行円に対して「飛檐継目免状」が東本願寺から交付されている。[11]同類の免状は義円の父八代目徳円のものまで保存されている。[12]

飛檐とは真宗寺院の「格」をあらわす「堂班」の用語である。語彙としては本来、寺院の建物や堂内の須弥檀上の本尊を安置する「宮殿」などの（内部ではなく）軒下を意味した。『真宗新辞典』（法蔵館、一九八三年初版）によれば、「寺格」とは「寺院の格式。本山における法会の席次は寺格、堂班による。……元来一代限りのものであったが、世襲されて寺格となり、また御礼金によって昇進できるようになった。本願寺派では……大谷派では近世に院家、内陣、余間、御堂衆、二十四輩、飛檐、院家役僧、半僧頭、平僧の階級があり、現在は五箇寺、巡讃地、国巡讃地、由緒地、別助音地、助音地、院家地、内陣地、余間地、堂衆地、飛檐地、外陣地などにわかれており、また寺格とは別に一代限りの堂班が制度化されている」[13]と説明されている。

享和二年（一八〇二）に幕府が諸宗派内部の僧侶の階級について書き出させた「諸宗階級」という史料がある。[14]このなかの「下」の「東派浄土真宗一派官職衣躰之次第」には現在の大谷派の寺格とそれにともなう僧侶や寺院のありかたについてのとりきめが記されている。この当時の寺格は、院家、内陣、余間、飛檐、平僧の五段階で、右の『真宗新辞典』の一九八三年時点とは異なっている。このうち最高位の院家をみると、

一　院家者十一歳以上ニ而得度剃刀余間官被免候、夫より年限有之、内陣官を歴候上、猶又年限有之院家ニ昇進仕候、右者其寺格ニ従ひ、十一歳以下ニ而も得度剃刀被免候向も有之候、並内陣院家と昇進之階級も、寺格ニ従ひ年限ニ不同有之候、且右次第昇進之院家寺　諸国末寺之内、当時百拾三ヶ寺有之候事……

一　院家之内ニ即座院家と唱候者、余間内陣と次第之昇進無之、最初より直ニ院家ニ而得度剃刀被免候、此寺格之院家寺、諸国末寺之内十八ヶ国有之候事

一　院家者、禁官法印大僧都蒙勅許候事……

などとあり、このあとに許可されている僧侶の服装などが具体的に指示されている。こうした院家以下の寺格は本来は僧侶個人に属した僧階（堂班）であり、それが世襲されるあいだに寺院に属するものとなっていたものである。僧階である以上、昇進もあり得た。そしてその昇進は僧侶個人から寺格の昇進に変遷していった。右はその場合の規定である。曰く、「一　院家という寺格は十一歳以上の得度者〔が住職となっている寺〕に許されるものである。この場合、〔僧侶が〕余間の身分を経

ることが許可され、したがって年限がある。〔また僧侶が〕内陣の身分を経て昇進してくるので、決まった年限のうちに昇進できる、右の規定は、その寺格の高下によって十一歳以下の僧侶〔候補〕でも剃髪を許可されることもあるということである。ならびに〔僧侶が〕内陣、院家と昇進してゆく階級も、その寺格に従って年限は人によって不同である。このような昇進が可能な〔僧侶がいる〕院家寺は諸国の末寺のなかで一一三カ寺ある。／……／一　院家は、朝廷から与えられる官職で、法印大僧都の僧官を勅許される……」、と。

右の規定はわかりにくいが、およそこのように解釈することができよう。

飛檐については、

一　飛檐者、年齢ニ定無之、剃刀を被免候事
　但飛檐之次男三男者、其寺ニ罷在候而剃刀相願被免候儀も有之候得共、身分其寺限ニ而於本山者格外之者ニ御座候、且右二男三男外飛檐寺江入寺致し候上剃刀被免候運び者、本文同様之手続ニ御座候、
一　飛檐之内由緒有之寺柄者、願ニ応じ官途を以て余間官被免候儀稀ニ者有之候事、
一　飛檐者、禁官法橋法眼権律師権僧都迄蒙勅許候事、……

とある。この第一条は、飛檐〔寺の長男、および二男、三男も〕については、年齢に関係なく剃髪は許

されるが、二男以下は本山にとっては「格外」者なので、一応、別の飛檐の寺に婿養子などとして入寺してから剃髪を願い出るように、という趣旨であろう。第二条は、飛檐の寺でも特別な場合以外には次の寺格である余間に昇進できないことを示しており、第三条は、飛檐の寺の住職の官職については法橋権律師か法眼権僧都かのいずれかが許可されることを示している。このように見ると、最高位の院家と最下位の次位である飛檐との相違は明白である。

院家には、余間、内陣から昇進してゆくことができるが、それが許可される（僧侶がいる）寺は全国で一一三カ寺のみで、勅許される官職は法印大僧都である。これに対し、飛檐は、寺の二男や三男は「格外」の身分なので、そのままでは僧侶として位置づけられることはなく、他の寺に（婿養子などとして）入寺してはじめて一個の僧侶として扱われ、また余間以上への昇進も事実上閉ざされている。また官職も法橋権律師、法眼権僧都どまりであった。

これらのあとに記される僧侶の法服の規定についても同様の差が細かく設けられていた。

柏木義円に関係ある幕末から明治初期にかけての大谷派の寺格ないし堂班が、『真宗新辞典』にいう九段階か、あるいは『諸宗階級』にいう五段階かは決めがたいが、いずれにせよこの『諸宗階級』の規定によれば、飛檐の寺、僧侶が余間から上に、内陣、院家（あるいはそれ以上）に昇進してゆくことはほとんどなかったということになるが、実際は多少事情が異なるようである。

『明治二十三年六月　大谷派本山　冥加礼金表』なる史料[15]によると、その「第十」に「堂班昇階継席出仕贈位類」はつぎのとおりである。

第十　堂班昇階
院家　　金五百円
内陣　　金二百円
余間　　金三百円
飛檐　　金三十円
但外陣地ヨリ飛檐昇階ノ者ハ礼金二十円
外陣　　金十円
院家地
一等例格　金三百円
院家地
二等例格　金二百円
〇堂班継席
院家　　金十五円
内陣以下
飛檐以上　金十円
外陣　　金二円

柏木義円が一五、六歳（一八七五年〈明治八〉に一五歳）ころ、事実上住職の勤めをなしていた、という自身の回想があるが、当時どうせなら、いっそ「飛檐継目」を願い出て正式な住職になってはどうか、という提案もあったかもしれない。もし仮にそのようにしたとすれば、右のように、（多少金額の高下はあったとしてもおおよそ）金一〇円[16]を本山東本願寺に納付しなければならなかったはずである。

さて、右の「昇階」関係の史料をみると、余間以上と飛檐とのあいだには大きな懸隔が存在していたことがわかる。下の地位から余間に昇るには金三〇〇円を要したのに対し、下（平僧しかないが）から飛檐へは金三〇円で済んだのである。

森岡清美によると、院家から平僧に至る六段階の堂班をもつ（当時の）大谷派では、飛檐以下と余間以上とでは大きな格差があり、明治以降でも飛檐以下へは寺務所長（宗務総長）の名で許状を発し（例授）、余間は寺務所長稟としたこと（稟授）は、国制における判任と奏任との差にあたる、という[17]。とにかく、余間以上と飛檐とは大きく開いていた。そこで、森岡によれば、僧侶や寺院のあいだでは「飛檐以下は正式の僧侶とは見なされなかったのではないかと考えられる[18]」。

三　柏木山西光寺

真宗教団をめぐる森岡の「飛檐以下は正式の僧侶とは見なされなかったのではないか」という指摘は、柏木義円の「飛檐」をめぐる自意識について考えるとき、きわめて重要である。柏木がかつて自分自身に対して（あるいは西光寺に対して）「正式な僧侶として」見なしていなかったか否かはまた別の問題ではあるが、少なくとも、一般的に真宗大谷派寺院の周辺においてこのような見方があったとすれば、柏木自身も当然それについては知悉していたと考えなければならない。そこで、柏木自身も古くから伝わった文書類を読んで知っていたと思われる西光寺の歴史的背景を確認しておきたい。

創建以来、西光寺をとりまく本山との関係、宗門内での位置づけなどは現在、西光寺文書によって確認するしか方法は残されていない。そして柏木自身がそうした歴史的背景・経緯をどのように認識していたか、も大きな問題となる。さきに引用した史料の示すとおり、西光寺については、開基行存に対して本山から代々飛檐を許可する由の「御免状」があった。ただこれにはそれ以上の情報は載せられていない。が、そのヒントは、さきほどの「我家と安中――告別」およびのちに西光寺住職となった安部照信宛ての柏木の書簡（『書簡集』二三二）にある。

この文章の冒頭で、柏木は「我家の祖先は」をもって文章を起している。柏木隼人が西光寺を開創した以下の経緯である。そこでの説明のなかで、隼人と東本願寺門主宣如上人とのかかわり、藩主の井伊家が徳川氏の四天王のひとりであったということ、隼人こと行存が藩主直好からその奥方松平氏の妹おせんの方を賜ったこと、藩主から「御合力米として禄年百俵を戴いた」こと、おせんの方が嫁入りの際に井伊家の橘と松平家の丁子車の紋所がついた蒔絵の薙刀と鏡台とを持参し、それらが柏木の幼年期までは伝わっていたということなどが過不足なく書かれている。

すでに引用した、一九二八年四月二三日付の『柏木義円書簡集』所載の三二三号書簡は安部が西光寺の由緒について柏木に問い合わせたことに対する返答である。これにも右と同様、隼人と藩主、東本願寺宣如との関係、寺の創建の由来などが書かれている。ただこのなかに注目すべき義円自身の発言がある。それは、

隼人ハ上人ノ御直弟子ニ相成由ニテ候。故西光寺ハ特別ノ御取扱ヒヲ受ケ継目ヲスルニモ居乍ラニシテ致シ本山へ出ルヤウナ事モ無之、飛檐乍ラ色衣モ着シ報恩講ナドモ所謂御取越ヲセス十一月廿八日ヲ最終トシテ営ムナド致居候。

である。「西光寺ハ特別ノ御取扱ヲ受ケ」ていたことが強調されているようにみえる。具体的には、住職の継職の際の手続きもわざわざ本山に出向く必要もない点、飛檐という（必ずしも高くない）寺格ではあるが、仏事の際に住職が色衣を着用することを許可されていた点、そして報恩講についても、一般寺院のように「御取越」として本来の日時よりも早く執行することなく、本来の一一月二八日までの五日間に執行されていた点である。色衣とは、僧侶が袈裟の下に着用する法衣について、その色が白とか黒に限定されない、あざやかな色の法衣のことをさす。さきの『諸宗階級』による

と、大谷派における最高位の寺格である院家の場合、法衣は直綴で「黒平絹紹紗、寺格ニ依り縮緬紋紗被免候、但若輩之者ハ、浅黄平絹」、飛檐の場合、法衣は同じ直綴、で「黒紹又者綟子《もじ》」とされる。あまり目立った相違はないようだが、「紹」「紗」はともに真夏用の薄手の織物のこと、院家の「平絹」は上等の薄地の絹布（厚手のものを羽二重と称するのに対し）だが、飛檐の「綟子」は粗末な麻織りの布のことなので、やはり飛檐の場合がより質素である。

「報恩講」は浄土真宗で最も重要な法会、仏事で、宗祖親鸞の忌日を最後の日程におき、一般寺院では五日間執行されるのが通例となっているようである。ただ本山では本来の忌日である一一月二八日を最終日とする七日間執行される。正忌日の二八日には本山に参詣するという趣旨で、その他の寺院では二八日を前後にずらして執行する。このことを「御取越」と称している。その報恩講を西光寺では、本山同様、二八日に行っていた、というのである。

また、西光寺文書に収められている「西光寺（与板）口上覚」（「Ａ19」）という史料は、六代住職であった秀円（はじめ墨円と称した）が書き残したものである。[19]このなかで秀円は、同寺の開創の由来を記したあとに「寛永十五年、宣如様安中西光寺において報恩講執行、内陣荘厳、盛物等万端任其例代々其□を用ル事右報恩講義御執行ニ付左之通拝領」として本山から拝領した「御開山聖人御真影」にはじまる什物をリストアップしている。たとえばそのうちの「御珠数」には「但し水晶黒檀　右宣如上人様御銘御讃御裏御染筆其外宝物略之」という注記がある。

柏木の三二三号書簡の記述は、右の西光寺文書「Ａ19」に見られる六代住職秀円の注記と同じ趣旨に基づいたものと思われる。すなわち、西光寺は東本願寺とのあいだに（初代行存以来の）特別な由緒をもち、特別な地位にあった、ということが強調されているのである。現在西光寺に伝わっている安部照信の編集にかかる「柏木山西光寺記録」の「五代義円」の項にはつぎのような追記がある。

又或時三条表（越後三条にあった大谷派の別院、元禄三年〈一六九〇〉創建。「三条掛所」も同じ）にて開基よりの例を以て紋白袈裟縮緬の衣等着用致し居りし処三条掛所役僧古来よりの事情を知らざりし為相咎めしことあり尚本山向吉凶に付進物等の挨拶状家老中より直付に書翰之れ有る先例たりしも等閑に附して懸合もなかりし為先規の寺格本山御由緒等薄くなりたる様なり

これはまさに、宗門の事務機関である三条掛所さえ知らないような、西光寺には本山との特別な関係があった、という趣旨で、さきの柏木の安部照信宛の三二三号書間の発言と同様であった。これらからは西光寺をめぐるつぎのような情報があったことがわかる。そして、これが西光寺の内部に伝えられ、寺出身の柏木義円も、いわば誇りをもって共有していた、そしてそれはキリスト者、牧師となった柏木の晩年にまで及んでいたのである。その情報とは、すなわち西光寺は開基行存が東本願寺門主宣如上人と格別な間柄であったので、その後の寺の運営に関しても本山から特別の配慮を受けた、それはたとえば住職継目の手続きが特に簡略化されていること、住職には色衣の着用

が許されたり、また報恩講の執行のありかたであったりした、と。[20]

これはどういうことを意味しているのであろうか。もちろん、事実として西光寺に関しては宗門内において右のような特別扱いがなされていたか否か（このような記録がある以上、事実であったのであろう）は別段問題ではない、むしろ問題とすべきは、柏木自身がそのように肯定的な文脈において認識していたということである。開創以来高位ではない飛檐という寺格をもつ西光寺に生まれ、育った柏木が自らの生家である寺のことを晩年に至るまでたいそう誇りに思っていた、ということは事実であるが、その誇りをささえる根拠は、寺と本山東本願寺および藩主（直好）とのあいだの特別な関係の存在、であった。この特別な関係の存在を認識あるいは誇示することで、「飛檐」に由来する否定的評価は相対化された、ということである。否、反対に、東本願寺や藩主との特別な関係があったからこそ、「飛檐」を忘れるわけにはいかなかった、ということかもしれない。隼人以前からも柏木家は存在していたにもかかわらず、柏木家について語る際にはつねに西光寺を開いた隼人を初祖として数え、かつ自身の長男にも「隼人」の「隼」の字を用いて「隼雄」と命名するほど、柏木は祖先、真宗寺院となった柏木家のなりゆきをつよく意識していたのである。柏木のこの「家」の自意識は強かった。

さきに『月報』一一四号所載の「母の死に就て」において、母やうの死去を語るときに「母は元来信心に厚かりき」として、そこから直接に「予が先祖柏木隼人は寛永年中……」と隼人に続けたことを指摘した。そこでは隼人が安中において発心し、一寺を建立するに至ったことに言及された。

そしてそれに対して自身・義円も先祖ゆかりの安中に来てキリスト教に入信し、牧師となったことが、「安中」が支点となって対比されていたのである。すなわち、柏木は自身を隼人と対比したのである。隼人は発心して浄土真宗の信仰を得て、寺を開いた、柏木自身はキリスト教に回心し、牧師となった、と。かくあるほど柏木義円にとって先祖、隼人は、そして浄土真宗・西光寺は欠くことのできない存在であったのである。

四　西光寺と西広寺

柏木はさきに引用した『月報』四五九号所載の「我家と安中――告別」のなかで、先祖隼人からはじまる西光寺の歴史について言及していた。そしてそのあとに「安中西広寺」についても述べていた。曰く、西光寺と西広寺とは両者とも姓は柏木で、後者の四世は元禄五年に没した長順、五世は享保四年に没した秀全、この人の代で西広寺に「御堂」が落慶し、西光寺と名乗っていたのを西広寺と改めた、と。安中西広寺は事実とともに柏木の認識においてもここにおいて発足したのである。六世以降の住職などについての紹介はないが、延享三年、西広寺から浅草東本願寺輪番へ届けた書面には西光寺が藩主の国替にともなって移転したあと、安中では妙清なる尼僧が寺を相続し、門徒十人余り、「安中一番の金もち」で「二万両」もの財産をもつ有力な「善い檀家」に「あはじ（淡路）佐五兵衛」がいた、云々という記録が紹介されていた。(21) こうした記述は、柏木が依然として、西広寺についてもなみなみならぬ関心をもっていたことを示すものである。これはたんに母やうが晩年、安中教会の牧師館に義円一家と同居しながらも、念仏の信仰を持ち続け、折に触れて西広寺に参詣していた、ということだけによるとは思えない。西光寺とともに、やはり、柏木という同姓[22]でもある、先祖に深いゆかりのある西広寺についても柏木は自身のアイデンティティにとって重要な遺物として捉えていたことがわかるのである。

柏木が、自身の家の先祖を西光寺を開いた隼人であると認識したり、また自身の長男にその隼人の一字をとって隼雄としたりしたことなどはもちろん偶然とはいえない。柏木自身は、寺を出てキリスト者・牧師となったが、「家」の意識としては、隼人以来のものと考えていた、したがって、その長男にも先祖と同じ一字を名乗らせた、すなわち柏木にとっては、柏木家は、隼人以来のもので、西光寺の歴史と重なっていた、ということである。ただ、柏木は武士待遇の寺の出であって、「武士的エトスが脈々とあった[23]」ということではまったくなく、柏木にあったのは藩主・井伊家と東本願寺から特別の待遇を受けていた寺に生まれたという過去の事実の肯定的認識である。西光寺が属した浄土真宗の寺院は、基本的に世襲で相続されるのが古来の通例であったから、右の事実認識は、柏木自身に直接つながる血の問題でもあった。また、与板の西光寺と確かな関係を保持していた西広寺は柏木義円が牧師を勤めた教会と同じ安中にあったのであるから、彼にとって、その「血」はいつも目の当たりにすることでもあったのである。「あはじ」家を「善い檀家」と評したのは、古い記録をそのまま紹介した文章のなかにある言辞とはいえ、その言語感覚はまさに寺の内部のものとさほどかわらないものかもしれない。そして、この発言が柏木が晩年となり、かつ牧師辞任直後のものであることを考慮すれば、このような意識・感覚は一時的なものではなかった、構造的なものであったということかもしれない。とすれば、柏木が自身を藩主井伊家と東本願寺から特別の待遇を受けていた西光寺から出た、という事実認識を生涯にわたって保持して捨てなかったということは、よきにつけあしきにつけ、これこそ柏木における、近代日本のフロンティア的キリスト者として、そして安中教会牧師としてのアイデンティティを補強する背骨としての機能を果たしたといえよう。

内村鑑三が自らのキリスト教を「武士道的キリスト教」と呼んだことはよく知られたことである。また植村正久が自身が武家の出であることを強く意識していたことも事実である。キリスト者として世に処した彼らは、自らが武家の出であるという過去の事実に基づく自意識、あるいは武士としての（肯定的）エトスを末裔たる自らが保持しているという矜持を失わず、それをてこにして、その上にキリスト教を受容したのである。しかし彼らがそれゆえにキリスト者として劣っていた、ということにはけっしてならない。それと同様に、柏木が藩主家と本山とに太いつながりがある寺の出であることを生涯にわたってつよく意識していたとしても、そのことはキリスト者としての柏木義円の質を貶めることにはけっしてつながらない。近代初期に明確な主体性をもったキリスト者となった人々において、その中核となるキリスト者としての主体的な自意識こそ最重要であることは当然としても、その中核を内面において支えるものが、ある者にとっては自身が武家の出であるという意識であり、またある者にとっては由緒ある寺に生まれ育ったという、いわば個人史のできごとにすぎないのであり、それは彼らの思想を評価する際に負とすべきことではない。むしろ、そうした過去の事実に基づく自意識は、近代日本人としての彼らがキリスト教を受容した、その独自性を鮮明にする標識として評価すべきことではないだろうか。

柏木義円に限っていえば、右のことは、仏教や浄土真宗への批判を彼が精力的に行ったということとは別個の問題である。けっして仏教や儒教など日本在来の信仰、思想に対して高踏的で非現実的な批判をなしたということではなく、あたかも身内をみるごとき眼をもって、いわば内在的批判をすることができたのはこのような柏木ならではのことではあった。安中に定住した柏木にとって、先祖ゆかりの西広寺があったことは、かれ独自の宗教的信条とは異なる、それとはまったく矛盾することのない、「血」の思いを安堵するようなことであったと思われる。

さらに柏木にとって重要であったのは、西光寺が開創時に「飛檐」の寺格を与えられて以来、八代徳円を経て九代義円に至っても、その寺格を改めようとはしなかったことである。「西光寺文書」には近世期以来の西光寺代々住職に本山から宛てられた「飛檐」免状が残っている。義円の父徳円も飛檐の継目を経て住職を継いだ、この徳円亡きあと、つぎは法嗣の義円もしかるべきときに飛檐継目をなす、というはこびになったはずであろう。『大谷派本山冥加礼金表』といったガイドブックが存在した以上、近世にもそして近代になっても制度として寺格の昇進は末端の寺院にとって可能な選択肢のひとつであった。しかし、西光寺は近世においても、そして近代になってもその選択肢を選ぼうとはしなかった。あえて「飛檐」でありつづけた[24]。したがって、あるいは森岡のいうように「正式の僧侶とは見なされなかった」「飛檐」であったとしても、そこには悲惨さや痛々しさなどはまったくない。すなわち西光寺・柏木家は、開基行存以来、八代徳円、そして九代義円に至っても、寺格の高下にはとらわれず、もっぱら藩主家および本山との関係に重きを置いていたこと、そしてそれが西光寺・柏木家のアイデンティティを形成していたことが推察される。

そうであるとすると、この西光寺に生まれた柏木義円はおそらくキリスト者になる以前から、いわば寺・家の伝統として、宗門において最高の権威であった「法主」宣如上人および藩主井伊直好公からの厚遇を重んじ、宗門内においてしか妥当しない寺格（制度）[25]を相対化していたこと、したがって『月報』という、場違いか、とさえ思われるようなキリスト教伝道誌の誌上でさえ、柏木が、醜聞にまみれた当時の東本願寺「法主」を厳しく批判した本意のありどころを知ることができる。したがって、これは寺の開基にして先祖の柏木隼人こと行存から自身に続いている「血」の問題であった。その意味で、柏木の東本願寺や第二二代「法主」大谷光瑩に対する厳しい批判は、表面的な意味でのキリスト者による仏教批判の域をはるかに超えたものとなったのである。それは何よりも大谷某らの言動によって柏木自身のアイデンティティの根源そのものが汚されたからであった。

おわりに

柏木義円は「十六歳の春」の一八七四年（明治七）、寺を出て蒲原郡水原町（現・新潟県阿賀野市）の星野恒の私塾に入門した。星野はのちに東京帝国大学教授となった漢学者・歴史学者である。

柏木は、父亡き後の幼年時に義兄の関大解から仏典や漢籍の手ほどきを受けている。その後、星野の私塾で漢籍を本格的に学んだ。そこで学んだ書物としては、浄土真宗関係の仏典の他は、資治通鑑、日本外史などをはじめとする、要するに歴史にシフトした代表的な漢籍、和書である。これらからは特定の学派的な思想的特徴を汲み取りにくい。しかし、柏木には陽明学の知識やその思考がまちがいなく存したと思われる。こうした学識を彼がどこで、どのようにして得たのかは、いまのところ特定できず、本書の対象とすることもできなかった。が、この点も、柏木における親鸞の影と勝るとも劣らず重要な問題である。直接には、柏木義円という突出して優れた一キリスト者の思想形成史の問題として、そして広くは、日本近代におけるキリスト教受容の問題として。

星野が東京へ出て塾を閉じたあと、柏木義円は新潟師範学校、東京師範学校を経て群馬県西部の山間部の小学校教員となった。その後、キリスト者の友人、安中教会牧師を勤めていた海老名弾正らとの出会いののち、キリスト者となり新島襄の同志社に入学した。柏木義円はキリスト者となる以前も、そしてそれ以後も西光寺・柏木家は彼の前に見えつ隠れつしていたのである。

これ以降の柏木義円の歩みは優れた伝記に譲ることになる。

註

（1）『新生命』四七六号（一九三八年二月）。なお『新生命』誌は、柏木義円の創刊した『上毛教界月報』が廃刊になったあと、それを承けて刊行された伝道誌である。編集には当時、高崎教会牧師であった管井吉郎があたった。

（2）柏木義円の伝記については、つとに片野真佐子『孤憤の人 柏木義円――天皇制とキリスト教』（新教出版社、一九九三年）という優れた成果があり、いまのところこれに添えるべき事実も削るべき点もない。したがって本章では、柏木義円の伝記的事項を全般的に再現することをせず、これまでの柏木の伝記的叙述では必ずしもまとまって言及されてはこなかったその出自の事実および柏木自身の出自の意識に焦点をあててその人物像の一端に迫りたい。

（3）松岡譲の伝記的事項、作家として、またその作品の評価などについては、関口安義『評伝 松岡譲』（小沢書店、一九九一年）に詳しい。

（4）同前。

（5）同前。

（6）同前。

（7）柏木は『月報』三四四号（一九二六年七月）において「▲法城を護る人々」を紹介、批評する長文を執筆している。この小説を熟読したらしい柏木は、このなかで、小説中の宮城（泰こと円泰、松岡自身をモデルとした登場人物）が東本願寺の壮大な伽藍を罵倒し、「活仏として門徒に崇拝せらるゝ本願寺法主を痛罵し」、本山でも末寺でも門徒から金を集めることに腐心する寺というものの実態を暴露し、また僧侶だけでなく、「信徒の非倫理的妄信の例」を挙げているとして詳細に紹介している。そして最終的に柏木は、松岡のこの小説について「著者は飽く迄真宗の教其者の完全を信じて唯罪を門跡〔東本願寺法主のこと〕や僧侶や現在の教団に帰し之を革命して親鸞に帰ることが法城を護る人々の主張なれと云ふ風に相見へ候」とその本質を見抜いている。この「著者は」以下の感想に述べられていることは、おそらくは松岡自身の念頭にもなかったかと思われるが、柏木はことの真実を言い当てている。

なお、柏木は右に続いて「吾人は何うも親鸞の其教其者に欠陥なきかと疑はれ候」と述べているのであるが、柏木が、疑問はもっと言いつつも「親鸞の其教其者」に対して、そして自身が真宗寺院に生まれたことについて二三ならず言及している事実を重くみたい。

（８）柏木の郷里与板は一八八三年（明治一六）七月、大火に見舞われ、町の大半が灰燼に帰した。西光寺も「本尊と墓地」しか残らず、火事直後にはその本尊も焼け残った篤信者の家の床の間に安置されていたというほどで、寺自体も与板町内の現在の徳昌寺前、西光寺墓地の反対側から同じく上町に移転せざるを得なかったと伝えられている（現・西光寺住職、寺族の方々による）。柏木がこの時点で郷里や出自を対象化することができたのはこの大火で彼の記憶にある町や寺が喪失したということも大きく作用しているのではないか。とはいえ、のちの柏木も郷里の様子は気がかりであった様子である。

柏木義円宛て前波善学の書簡（片野真佐子編・解説『柏木義円書簡集』行路社、二〇一一年。以下『書簡集』所収「R六九」、系年は一九一二年七月二二日とされている）には、「お尋ねの拙寺建物は明治三十二年に焼けまして翌々卅四年に新築しましたのが今の本堂と庫裡で御座います。お手紙の中にある思出の部屋はもう焼けて了ひました。他の御寺院も皆新しくなりました。序ながら西光寺様は上町に御住居になつて居ます……貴下のお思出は恐らく皆亡されて居ると存じます」などというくだりがある。柏木はすっかり昔の様子を脱した郷里における幼年期の記憶をたどろうとして、与板の前波に問い合わせていたことがわかる。なお後述するが、前波は当時、与板の浄土真宗本願寺派長明寺住職で、松岡譲とは従兄弟であった。

（９）安部照信宛て柏木義円書簡（『書簡集』三二三、系年は一九二八年四月二三日）。

（10）同志社大学人文科学研究所編「柏木清子文書」中の西光寺文書（以下、西光寺文書「Ａ９」）。

（11）西光寺文書「Ａ１」、明暦二年（一六五六）七月四日付、東本願寺の坊官とみられる粟津左近尉元敏から行円宛て「飛檐継目免状」。

（12）西光寺文書「Ａ４」、天保一一年（一八三九）一一月六日付、同じく宇野相馬から徳円宛て「飛檐継目免状」。

（13）ただし大谷派において現在これらは全面的に廃止されている。一九九一年五月三一日に開会された大谷派第二十回宗会に「寺格条例廃止に伴う臨時措置条例案」が提出、可決され、一年後の同制度廃止を決定した。これは宗門当局の「(寺格制度は)旧体制の制度が宗門の最も根底を為す制度的なありかたの上に温存されていることが事実をもっておのずから明らかにされてまいったのであります」(『真宗』一九九一年六月号〈一〇四七号〉冒頭の「挙足一歩」)という認識に基づいたものである。

(14)『続々群書類従』第一二所収。なお、同様に享和二年段階で「西派浄土真宗」(本願寺派)では、筋目院家、准院家、内陣、余間、三之間、飛檐、初中後、国絹袈裟、そして平僧とさらに細かく寺格が定められていた。

(15)明治二三年六月二四日印刷、翌二五日に点林堂から出版された龍山歓成の著書。国会図書館蔵本によった。

(16)日本銀行統計局編『明治以降卸売物価指数統計』(一九八七年)の「総合卸売物価戦前規準指数」によれば、『大谷派本山冥加礼金表』の一八九〇年(明治二三)と一九八五年(昭和六〇)とでは物価は三四二七倍となっているので、当時の飛檐継席のための礼金一〇円は、一九八六年でおよそ三四二七〇円、さらに国公立大学授業料を基準にすると、一九八六年では二五万二〇〇〇円であったのに対し、二〇一五年(平成二七)では五三万五八〇〇円なので、換算すると二〇一五年現在では、およそ七万二九〇〇円程度の金額となる。もし当時、飛檐から余間に昇進しようとすれば、およそ二二〇万円程度要したことになる。

(17)森岡『真宗教団と「家」制度』(創文社、一九六二年)第五章。なお、奏任官の上に高等官一等、二等の勅任官、さらにその上に親任官があった。なお、判任、奏任は森岡による区別、判断に基づく言いかたであるが、判任とは大日本帝国憲法下における「官吏」の最下級、奏任はその上の三等から九等にあたる「高等官」の三番目で高等文官試験の合格者が任ぜられた。ちなみに親任官は内閣総理大臣、行政裁判所長官、検事総長などが相当し、天皇の直接の任命によった。

(18)同前、第七章。森岡の研究の対象となったのは、おもに近世から近代にかけての時点における高田派、大谷派、本願寺派などの所属寺院とその住職家である。

(19)墨円こと秀円は、「柏木山西光寺記録」にはつぎのように記録されている。曰く「養子の様なるも判明せず幼年の頃先代の取計らひにて継目せり寛政十二庚申年四月先代より寺格官録等古来と齟齬致し居るを発見せるより三条掛所へ交渉せり為に当寺旧録に関し材料を整理す」とある。この「柏木山西光寺記録」は、柏木家のあと、住職として入った鈴木台道のあとを承けた安部家の住職、安部照信師の手によるものである。安部がいかなる史料を用いてこの「柏木山西光寺記録」をまとめたのかは判然としないが、柏木からの三二三号書簡などに記されたことと内容が同じなので、安部の情報ソースは主に柏木自身であったと考えられる。なお三二三号書簡の冒頭に「御尋ネノ西光寺由緒ニ付テハ別封書書取ヲ拝呈仕候間御覧被下度候」とあるが、この「別封」の「書取」については不明。おそらく柏木自身がのちに西光寺文書としてまとめられることになる古い文書類から書き抜き、あるいはそれを整理したものであったと想定される。

(20)　『月報』一二六号に「予が回心の顚末」という回顧の文章がある。このなかに「予の家は寺であつたが旧幕時代には普通の寺とは本山に対する関係など異なるものがあつて藩からは依然禄を賜はつて居て藩主の国替毎に随従して移つた」という、端的に西光寺の特殊性に言及したくだりがある。

(21)　安中西広寺に「東臨山西広寺歴史年表」という「昭和四五年五月五日」に「檀徒総代淡路良平」によってまとめられた記録がある。これによると、西広寺は、一世行存、二世行円と、ここまでは西光寺と同じく続き、このあと三世を妙因、あるいは周円となのる尼僧が継ぎ、四世長順、五世秀全、そして六世察道、七世湛月、八世速成、九世智励、十世直成と相続して近代に至っている。これらの記録の典拠は不明。また、柏木の伝えた、延享三年（一七四六）以降に住職となったという妙清に相当する尼僧は「東臨山西広寺歴史年表」では存在しない。

(22)　西光寺、西広寺とも、現在、西広寺が同姓であることの背景などは伝えられていない。

(23)　伊谷隆一「回帰と憂憤のはて」（『回帰と憂憤のはて』国文社、一九七一年所収）。

(24)　さきの『諸宗階級』（下）では、大谷派の場合、「飛檐」からその上の「余間」への寺格の昇進は許されない、とは記されてはいるが、昇進の際の礼金の額までが正式に定められていた（『大谷派本山冥加礼金表』の内表紙には「本山許可」という印判が捺印されている）ことを考慮すれば、確固とした意志のもとで寺格昇進を目指す場合には実質的には充分にあり得たと考えるべきだろう。

(25)　なお、この宗門内の「寺格」は、「冥加礼金」の多寡によっていかようにも変わるものであった。森岡、前掲書にも、一定の時間的経過ののちではあるが、かなり上の寺格にまで昇進を遂げていった寺の例も紹介されている。

第2章　柏木義円と親鸞

はじめに

柏木義円については、日露戦争時に非戦論を唱えたことはよく知られていることであり、また天皇制国家にあって、天皇の神格化に反対した、といった堅固なキリスト教信仰の持ち主である、と考えられている。もちろんそのことについて否定すべき何ものもないが、そのキリスト教信仰の因って来たるところには何があったのか、ということについてはほとんど知られていない。人となって以来、柏木が堅固なキリスト教信仰を得たことにはなんら疑問はないけれども、そこに至る経路において、具体的には何があったのであろうか。そのことを考える際、彼が浄土真宗寺院に生まれ、育ったということ、すなわち、人格が形成される幼少期にその原型を浄土真宗的な初等教育として受容した、ということが無視されてよいわけではないのである。当然のことながら、柏木はキリスト教の牧師として、仏教、そして浄土真宗に対してなした批判には時に激しいものがあったが、同時によく見ると、微妙な筆致によって親鸞や浄土真宗の教え、伝統などについては、あたかも血縁

の者を見るかのごとき眼差しがあったことを見てとることができる。(1)

彼の思想のなかに必ずや浄土真宗、そして親鸞の影がさしていたであろう、ということについて、しばらく柏木に寄り添いながらその文章の行間に込められた独自の〈福音〉のありかたに迫ってみたい。

一　「吾人の主張」

柏木は『月報』第八八号（一九〇六年二月）の巻頭論文として「吾人の主張」と題した長文を掲げた。一見、何というほどのものでもないように見えるこの文章は、じつは柏木の考えかたをくまなく表現したようなものとしてきわめて周到に執筆されていることがわかる。見出し以下、「(一)不健全の宗教」からはじまり、「(二)吾人の宗教」、「(三)組合教会の特色」、「(四)仏教打破す可し」、「(五)倫理教育の革命」、「(六)対社会主義問題」に「(七)撰挙権拡張運動」の順で論じられている。一八九八年（明治三二）の文章だけに、社会主義に関する発言が早くもあり、時期の到来を告げる、という同時代的な指標にもなっている。問題はそれにとどまらず、この論述の順序である。個人的な宗教意識にはじまり、その宗教意識の論理化・社会化、そして社会主義なり普通選挙権なりといった社会的な問題意識に根づいた問題提起、と続いているからである。

右の「(一)不健全の宗教」では、「帝国主義に付会して国民の虚栄心に投じ戦争に謳歌して衆民の敵愾心に和し識見能く大勢を見ると称して俗論に調子を合はせ壮語快論気焔万丈青年の客気を快からしめて以て一代の人心靡然我に嚮かふと為す吾人は不健全の宗教として之に与せざるなり」、さらに神秘主義的な宗教、無教会の徒などを批判している。内村鑑三の無教会に対する批判は、たいへん意味深長な言い方ではあるが、ここにはそれほど詳細な記述はないので、これ以上には展開されていない。問題とすべきは、冒頭の「帝国主義云々」という箇所である。およそ社会的な問題意識のなかで宗教が論じられようとしているのである。この時期の柏木にとっての「宗教」問題は、社会的なそれ、であった。その流れにおいて、つぎの「(二) 吾人の宗教」、つまり私にとっての宗教に移る。ここは九箇条に箇条書きされている。「吾人は……主張す（尊重す）」でまとめられた箇条が連ねられる。「吾人」と「主張す（尊重す）」のあいだにはいるのは、「聖なる活ける天父の宗教」「神の道なる基督に顕現したる真理」「来世的宗教」「贖罪の宗教」「平和の宗教」「祈禱の宗教」などのことばである[2]。これらはつぎの「(三) 組合教会の特色」には具体的に直接つながるように組み込まれている。帝国主義、虚栄心や戦争などに与しない宗教こそ、柏木自身の、独立不羈の自由な組合教会であることを述べている。ついで「(四) 仏教打破す可し」である。したがって、柏木によるこの箇所の仏教批判は、「(一) 不健全の宗教」以来透徹して、近代日本の国家、社会のなかで宗教がいかに機能してゆくべきか、という独特の問題意識のもとでなされていることがわかる。そしてこの後に、倫理教育、社会主義へと問題が展開する。仏教批判はこうした一連の社会論、社会批判の一環としてなされたわけである。なお、この「(四) 仏教打破す可し」は、『月報』における最初の仏教論・仏教批判となった。

ここで、「(四) 仏教打破す可し」を詳細に検討しておきたい。

まず、歴史的に仏教は、長らく日本の人民の信仰を誤らせ、精神界を惑わしてきた、という。唯物論、そして「宇宙に道義の統治を認めざる」「宇宙を無政府視する」無神論に陥り、国民をして「公義の政府を戴か」ず、その品性を「毀壊」せしめたのだ、と。[3] 唯物論、無神論に続いて、無霊魂説をとる仏教を非難する。いわく、無霊魂説は「倫理の根基」を覆すもの、「人世を虚妄と観ずるは正しく文明と相背馳するの人生観」だ、と。柏木によれば、日本の歴史において、仏教は、その唯物論、無神論、無霊魂説によって長らく日本人の信仰心・精神生活を破壊してきた。そしてその結果、人々は「宇宙」に道義の存在することを知らず、その品性が破壊され、非文明的なありかたにおかれているのだ、という。その具体的なありさまが、つぎに「門徒宗の浄土説」として紹介される。「門徒宗」は浄土真宗の謂いである。浄土真宗の浄土の説はあるべき来世説の堕落したものので、処世観に至っては「俗の俗なり」という。処世観についてはしばらく措くとして、来世説としての浄土の説についての批判は他の箇所にも散見するものであるが、具体的には『無量寿経』にいう法蔵菩薩が阿弥陀如来になるに伴ってつくられたという極楽浄土の説をさす。『月報』第八八号の記事ではこれ以上には述べていない。その他、「加持祈禱等迷信を利用して財貨を貪らんとするが如き」はとくに言うまでもない、というのは浄土真宗以外の宗派を指したものと思われる。すなわち、この箇所では、浄土真宗を含むすべての仏教宗派が批判攻撃の対象となっていることがわかる。そしてその批判の視点は、社会的なものである。なぜならば、そうであるにもかかわらず仏教が今も社会的勢力を保持しているのはただ、その「習慣・惰力」のみであった、というからである。これは近世以来、仏教が人びとの葬儀を司ってきたという歴史的事実に基づく。

しかしこの「習慣・惰力」はただ仏教のみに帰されるのではない。「文明紳士」も同様であるという。仏式の葬儀に参列した「文明紳士」は殊勝に合掌礼拝するほどの「勇気」もないから、ただ口をもごもご動かして、引導の作法などを見ているだけ、と痛烈である。こうしたあり得べからざる状態を是正するには「精神界の革命」「基督教革命」そして、その先立ちとしての「旧習慣旧思想旧感情の維持者たる宗教としての仏教を打破」することしかない、のである、と。この節で柏木は、仏教に対して、現象面および原理的側面から痛烈な批判をしている。しかし、この批判はそれほど単純なものではない。それは、「門徒宗」について言及した箇所に現れている。

仏教自体の霊魂説が倫理の根底を覆すものであり、文明と相背馳するものであると述べ、ついで中世にまで時代が上って「門徒宗」に至る、いわく、「門徒宗の浄土説は来世説の堕落したるもの、み其処世観に至ては俗の俗なるものなり其他加持祈禱等迷信を利用して財貨を貪らんとするが如き特に言ふに足らざるなり」、と。これは、「門徒宗」すなわち浄土真宗においては「加持祈禱等」は行わないことを柏木は身にしみて知っているうえでの発言である。ということは、仏教に対して厳しい批判、攻撃をするけれども、その対象は一体としての仏教ではなかったのである。批判の対象としての仏教にしても、柏木は、周到に浄土真宗とそれ以外とを弁別して述べていたということである。もちろん、こうしたことは文章の前面にはまったく出ていない。が、浄土真宗において「加持祈禱」を行うのか否かを知悉している者にとっては行間の意図は充分に理解できる。もちろんキリスト教界に属した『月報』の読者層のなかでこのことを理解できた人々がどれほどいたか、はわからないが、いわゆる「門徒もの知らず」はよく知られた言い回しではあった。したがって、柏木が仏教、なかんずく浄土真宗を批判する際、このことを想起しなければならない。浄土真宗に対しては一定のバイアスがかかっていたのである。すなわち、浄土真宗も含めて仏教というものはキリスト教と比べて「堕落」「俗の俗」なるものではあるが、浄土真宗だけは他の宗派とは違う点がある、と柏木は言うのである。この〈違う点〉を明らかにする必要がある。その連続線のうえで、

先づ第一に旧慣習旧思想旧感情の維持者たる宗教としての仏教を打破せざる可らざるなり

と述べる。宗教としての仏教を打破せよ、とは言うが、柏木はここで親鸞についてはまったく言及していない。このことは重要なことであると思われる。歴史的に展開してきた宗教としての仏教は打破しなければならない、しかし、その思想的に重要なところについては柏木は態度を留保している。右に続いて「一種の哲学思想としての仏教に至ては吾人の此に論ずる所に非ず」として判断を避け、批判をしていない。おそらく親鸞はこの判断が避けられたところに含まれている。この点は、『月報』次号の「有神論」と題した長い論考のなかで述べていることにつながる。

そこにおいて柏木は、仏教について多角的に論じつつ、「仏教は日本に於て最も其根拠を深くし其敬虔にして勇健なる方面を発揮するに至りたれば儒仏の粋は移て日本の有となれり」という。ここでは儒および仏はけっして否定的な扱いは受けていないどころか、「粋」（つまり、肯定的に評価可能な価値）は移って日本の所有となっている、というのだから、日本の儒教、仏教の「粋」の部分については柏木はむしろ高く評価していることがわかる。そしてこれに続いて次のように論じる。いわく「仏教は未だ基督教の如き驚天動地の改革を経験せざるなり親鸞日蓮の新仏教起らざりしに非るも吾人を以て之を見る之を欧州の宗教改革に比するの甚だ不倫なるを知る」、と。この場合の「不倫」は、倫たらず、で、なかま・同類ではない、の意。キリスト教の宗教改革のごとき「驚天動地」の根本的な改革を経験していない仏教には旧弊や残滓が残っている、たしかに親鸞や日蓮のような「新仏教」も成立してはいるのだが（まだこれくらいでは不十分だ）、という趣旨である。そして不十分ではあると言われながらも親鸞や日蓮はそれなりの評価がなされているわけである。ただ、親鸞や日蓮のいかなるところが改革の所産としての「新」たるゆえんであるのかについては言及されていない。ただ「驚天動地」のごとき大改革を経ていることが真の宗教たる大きな要因であると考えられているので、親鸞や日蓮、あるいは彼らの宗教が、旧態依然として古い仏教からの、評価し得るそれなりの改革を経験している、とみなされたということであろう。

再び『月報』第八八号の「吾人の主張」の「（四）仏教打破す可し」に戻ると、右の「驚天動地の改革」に相当すると思われる「基督教的革命」・精神界の革命を起こして仏教を打破しなければならない、と続け、「新仏教の如き稍見るべきが如きも徒らに口舌のみ筆先のみ畢竟言論のみ」ときわめて否定的に論じられている。ただし、この「新仏教の如き」は「親鸞日蓮の新仏教」の意味ではなく、同時代の仏教界の動きを指していた。「畢竟言論のみ」に続いて「雑誌と演説会とを取り去れば余す所は唯ゼロのみ」と述べる。したがって、ここに言う「新仏教」とは近代の新しいメディアを用いて布教・伝道を行っている仏教、を指していたことがわかる。遠回しな言い方ではあるが、柏木が、親鸞や日蓮に対しては一方的に批判・攻撃をしていないことは明白である。

『月報』第八八号「吾人の主張」はそもそも社会に対する関心に基づいていた。そこで、論は次なる「(五) 倫理教育の革命」、「(六) 対社会主義問題」、そして「(七) 撰挙権拡張運動」へと続いているのである。こうした論の流れからわかることは、柏木の「仏教打破す可し」論は、当面、親鸞や日蓮らに論及することなく、社会的観点から仏教を打破すべし、というものであったことである。社会的観点からは、仏教は「不健全」にして「習慣・惰力」のみに依存しているゆえに「打破」しなければならない、というのである。

柏木は論理の展開にやや急である。ついで「(五) 倫理教育の革命」においてつぎのように述べる。

眼を物質界に注げば貧富の問題は第一の問題なり眼を心霊界に放てば人の霊性は僅か五十の人生に跼蹐す可らざるなり忠君愛国一点張りの倫理は徒らに人をして人造の屋根の下に跼蹐せし

めて更に彼の蒼たる天空を仰がしめざるものゝみ「物質」の世界においては貧富の問題、「心霊」の世界においては「忠君愛国」一点張りの倫理に閉じ込めてしまわない倫理を唱導すべきことを説くのであるが、この「物質」と「心霊」との対比はこのままでは諒解困難というほかない。が、とにかくも「忠君愛国」といった狭量な倫理を人々に押し付けることなく「貧富の問題」に対処すべきだ、という考えであることは推測が充分可能である。「世界人類の死活問題である」この「貧富の問題」への対処方として、つぎの「(六) 対社会主義問題」において「社会主義の主張」を持ち出す。いわく「吾人は現今に存在する社会制度改革論中に在ては社会主義の主張を以て最も勝れるものと為すものなり」。「霊性」を取り扱う「人生問題」と「社会主義」によって対応すべき「社会制度改革」の問題とが結びつけられる。それは「宗教に感化せられたる社会に非ざれば社会主義の円滑に行はるゝ亦覚束な」いゆえんであるからであった。

柏木は、社会における「貧富」問題を真に解決し得るもは「社会主義」による社会の改革によるしかない、そしてその「社会主義」は背後に「宗教に感化」されていなければならない、と考えた。このように「宗教」と「社会」がそれほどの葛藤なく結びつけられた。それゆえに「吾人は社会主義の思想が一般に善く了解せられんことを望む」のである。

社会主義の思想が広く社会に受容されて社会の「貧富問題」がよく解決されるための具体的な方

策として「撰挙権拡張運動」が提起されることになる。

「今日朝野政治家」は、「国家てふ虚名を愛する」「愛国」に奔ることなく、「徒らに国家の虚栄の為に競争」せず、「真個国民の福祉を切実に計」らなければならない。そのためにつぎの「(七) 撰挙権拡張運動」においては、「請託や賄賂を個人的に為すに堪えずして止むなく公々然演説に文章に其の政見を発表して責任ある言論を以て撰挙を争」うべく選挙権を拡張しなければならない、と説く。そしてその際、山路愛山、島田三郎、浮田和民、海老名弾正、杉山重義ら「基督教側の志士」に共感を示している。

かくして宗教の問題に発した柏木の「吾人の主張」が、宗教の原理的側面からはじまって、組合教会という個別の教団の問題、さらに伝道のための地ならしとしての仏教批判、その後の社会倫理、そして理想的な国家のありかたに至るまで問題意識が拡がっていったことを見て取ることができる。そしてここで示された柏木の国家観が、独自の視点に立つ愛国心の提起や初期社会主義に共感をみせるきわめてリベラルなものであったことも明白となった(4)。

この記事が書かれた一九〇六年(明治三九)の一月には堺利彦らによって日本最初の社会主義政党である日本社会党が結成されている。なお同党は結成直後に解散させられている。このような社会の動きをみれば、柏木のこうした言論は現今の社会のあり方にそのまま即したものであったことがわかる。またおそらくこの時期にこのような「吾人の主張」を執筆したこと自体、日本社会党結成にみられる社会のダイナミックな動きに触発されてのものと言っても過言ではないだろう。社会の動き自体に直接付随した柏木の宗教観についての是非の評価は別にして、ともかくも宗教、すなわちキリスト教に関する柏木の思想が社会の具体的なありかたとは不離のものであったことは確かである。

二　仏教との対立――同時代史のなかで

第二次桂太郎内閣の平田東助内相は一九一一年（明治四四）四月一七日付で「内務大臣演示」を出した。これは「地方百般の施政に関して其の近情を審らかにし、将来の計画に向て倶に熟議することを得るは本官の最も欣幸とする所」という趣旨に基づいており、「蓋し地方庶政の振興を促し、一般地方の発達を図るは、国民の健全なる思想と特有の微風とを涵養するより先なるは莫し」として、次のように神社「崇敬」を致し、「近来世人敬神の風漸く厚きを加へたるに方り、益々意を神社の施設、神職の養成に致されんことを期」すことを国民に強要するものであった。もちろん、この一連の神社「崇敬」の強要の「演示」は「尚将来に向て一般人士が信奉する宗教の各機関をして益々其の力を此に致さしめ、以て教化補導の実を完うせしめられむことを期」すところにその本意があった。この背景として、この前年に発覚したとされ、この年の一月に首謀者とされた幸徳秋水らが死刑に処せられた大逆事件があったことはいうまでもない(5)。

大逆事件は、「我々青年を囲繞する空気は、今やもうすこしも流動しなくなった。強権の勢力は普く国内に行わたっている」[6]と石川啄木が冷静に分析したような冷湿な雰囲気を社会全体に及ぼした。社会を「囲繞する」「強権の勢力」は現内閣の方針に沿って、社会に対しては具体的には神社崇拝を人々に強要するがごときこととして現われたのである。柏木はこうしたありかたに対しては「白昼に出た幽霊のやうな物で今更引つ込むにもきまりがわるく宇宙にさまよふて居る」ような「国民を馬鹿にして世界の大勢を顧みない」もの、と評した（「神社崇拝」、『月報』第一六二号、一九一二年）。そこでは「祖先紀念だとか敬神の念の涵養だとか最もらしき理屈を付会しているのだが」、あらためてその神社とは何かという問題を設けている[7]。

柏木は神社とは何物であるか、と問いながらその「祭神」の類型について論じている。曰く、第一に「神代の神話的諸神」で、「あった者かなかつた者か」わからぬ存在、第二に、応神天皇の八幡宮、菅原道真の天満宮などのような「史的人物」、第三に、動植物、山川其の他自然現象のような「自然物」、そして第四に、器物石鏃の類、甚しきは生殖器なども含む「庶物」である、と。このように「祭神」の分析を通じて、「神社」の本質について論じ及ぼそうとしている。しかし、おそらくこのときの柏木の本意は、「神社」や「神社」崇拝について否定的に論じることに集約されるのではなく、「神社」および「神社」崇拝（強制）によって顕在化してくる「神社」の本質を暴露するところにあったのではないか。なぜならば、柏木がそこで二つの事実を挙げているからである。それは「天満宮の本家たる太宰府天満宮の御神体は道真公の木像ではなくて法華経八巻であつた」こと、さらに「日本人中信仰最も広き讃岐の琴平神社」の祭神がいまだ不明であり、神官と僧侶とのあいだにこの問題に関して訴訟が起こったほどであった。そしてそれに関して、高名な仏教学者であった高楠順次郎博士の鑑定によってその神はインドの、仏法守護の神であることが明らかにされたにもかかわらず、神官側ではなお、大物主神、素盞嗚尊に崇神天皇を合祀したものであると主張してやまないことを紹介している。

こうした仏・神の〈論争〉は、柏木にとって、ただの「祭神」の素性をめぐる論争ではなく、「あつた者かなかつた者か」わからなかったり、「少しも偉人紀念や敬虔の念の涵養」などにはならないような体の「祭神」と紛れたりしている仏教に対する本質的な攻撃を目したものではなかったか、と思われる。仏教は柏木においてけっして浅からぬ縁をもっていたからである。

そして右の「神社崇拝」のなかで、「先づ淫祀を破壊し然る後ち神社崇拝の訓示を出す」という「大英断」を求める箇所に傍点を付している。ここで求められた「大英断」とは、「神社崇拝」を国民に強制しようとしている国家権力に対するものであったから、まず「淫祀」の破壊が先行しているのであるが、その先には、「淫祀」と同一化してなんら恥じていない仏教側への視線があった。端的には、このような体たらくの「神社」あるいは神道と同一化、ないし同一線上で小競り合いをやめない仏教は、それで仏教といえるのか、それでよいのか、という柏木の発する大きい問いが見えてくる。

じつはこの問いは、かつての親鸞の嘆きと別なものではなかった。親鸞曰く「五濁増のしるしには　この世の道俗ことごとく　外儀は仏教のすがたにて　内心外道を帰敬せり」「かなしきかなや

道俗の　良時吉日えらばしめ　天神地祇をあがめつゝ　卜占祭祀つとめとす」など。[8] ここに言う「外道」とは、仏教以外の教え、の意であるから、親鸞は当時の「道俗」（僧侶および在俗信者）が仏教徒を称しながら、仏教以外の教えを奉じていること（おそらく、具体的には、念仏の徒が念仏以外の教えに陥落していたことを指していると思われる）を嘆いたのである。今の柏木の告発と同質である。柏木は意識的にか無意識的にかかつての親鸞の嘆きを共有している、すなわち、柏木において親鸞はまちがいなく生きていたのである。

さらにこの「淫祀」につながる「神社」には、古来「伊勢や其の他有名な神社のある所は亦遊郭が盛んで淫風の揚がる所」でもあったからである。この点は、倫理を重要視する組合教会の本来の趣旨と真っ向から対決する問題にかかわっていた。

平田東助内相の「演示」は、さきの引用に続き、つぎのようにも述べていた。すなわち、

古来幾多の宗教家にして世道人心救済の為め身を忘れ百難千苦を意とせずして其の事に徇ひし者ありしは最も敬嘆すべき所なり。今や国家思想の啓発並国民道徳の涵養は更に一層宗教家の努力に俟つべきものあるは各位の倶に認むる所、其の平素意を此の点に用ひらるるは深く信ずる所なりと雖も、尚将来に向て一般人士が信奉する宗教の各機関をして益々其の力を此に致さしめ、以て教化輔導の実を完うせしめられむことを期せられたし。

である。

　この長い文章は端的には、「国家思想の啓発」と「国民道徳の涵養」を「宗教家」による国民教化に期待するという国家意思を表示したものである。ここにいう「宗教家」には、右の柏木のような人物、そして親鸞と問題意識を共有するごとき人物は含まれないことは明らかである。このように考えてくると、柏木と対立したものは神社崇拝を強要する国家権力だけではなく、それに事実上同調している仏教界の大勢でもあったことがわかる。

　内相の「演示」として表明された国家意思は、大逆事件の主犯とされた幸徳秋水らの死刑が執行された直後のこの時期にあって、国民全体に対してその権力意思を見せつけ、国家への恭順を誓わせることを目的としていたと思われる。その際に採られた具体的方策が、国民への神社崇拝の強要、そして広く「宗教家」に対する国民の「教化輔導」の要請であったわけである。柏木も「宗教家」のひとりであるとすれば、当然、国家からこうした要請を受けたものと考えてよい。その回答が右の文章であったということである。さきに紹介した「旧慣習旧思想旧感情の維持者たる宗教として の仏教を打破せざる可らざるなり」という柏木の主張は、たんに「旧慣習旧思想旧感情」ゆえに仏教を批判するというだけのものではなく、もっと広範囲に日本の歴史に流布してきている、神道と習合した仏教、そしてそれらと密接に結びついた国家権力をも批判の射程に入れた大胆なものであった。

三　仏教批判の心裡

柏木は大逆事件をことのほか重大視した。右の『月報』第一六二号には、「逆徒の死生観」として処刑された幸徳秋水と松尾卯一太（柏木は松尾の名を「卯平太」と誤記している）の「死生観」を伊藤証信主筆の『無我愛』（正確には『無我の愛』）に掲載された記事から引用している。そのなかで、柏木によれば松尾は「神、如来、阿弥陀なる語」を「交錯して」使っているが、「其の信仰の対境たる如来は亦神即ち基督の天父に外ならないではあるまいか」として松尾に触発されて「神、仏、阿弥陀」と題した一文を草している。このなかで柏木は、「ロイド博士」ことアーサー・ロイド（Arthur Lloyd　一八五二〜一九一一）の著書の内容に言及しつつ、キリスト教と仏教とを対比している。この「ロイド博士」は立教学院の初代総理を務めた英国教会の司祭で、仏教を西洋世界に紹介した人物である。

松尾は妻に宛てた書簡のなかで、「小共〔長男である七歳の奚司郎のこと〕心にもやがて神を求め如来を頼む心にては候はずや」「御身〔妻をさす〕よ恨みること勿れこゝに神ありこゝに如来ありこゝに救済あるに候はずや」といった言い方をしている。柏木はこれらについて、用語が「交錯」してはいるが、結局は松尾の信仰の対象はキリスト教の神である、と解した。

柏木は、「神にも吾人の識り得る所と識り得ざる所とがある」と言い、後者、すなわち「識り得ざる神」を仏教では「真如法身」という、とする。これは「宇宙の本体、真理の極致であつて抽象的実在」であり、我々の前には物と心との二つの現われかたをとり、物ではなく人格という相をもった心こそ「宇宙の心が取った霊的実体である」「法身」である、と。さらにこの「法身」は「法性法身」と「方便法身」とに分かれる、という。このうち「法性法身」とは不可知、不可蝕であるが、それを「有限の人間に適令せしむるやうにするのを方便と云ひ人間の形を以て顕はしたる霊的実体を方便法身」という。すなわち、「永遠の真如法身が法性《ママ》身となり方便法身となり更に化身（インカアネーション）して法蔵比丘となつたのである」と。柏木はあたかも当たり前の説のごとく二「法身」説を唱えているが、じつは法身を法性と方便の「二種法身」として解する説は、厳密には、北魏の曇鸞（生没年不詳）の『往生論註』に基づく浄土真宗独自の解釈である。曰く「諸仏菩薩有二種法身、一者法性法身、二者方便法身」[9]である。親鸞は、自らの信仰の祖として七人の先達（「七高僧」）を挙げている。天竺（インド）の竜樹、天親（世親）について挙げられるのが震旦（中国）の曇鸞である。したがって曇鸞自身は本来浄土真宗のみに特化した祖師ではないが、教理的には浄土真宗独自の祖師と言っても過言ではない。とすると、この柏木の「神、仏、阿弥陀」と題した文章はいかに読めばよいのか。

　最初に新約聖書「約翰伝第一章」の冒頭の有名な箇所、「太初に道あり道は神と偕にあり道は即ち神なり」（現行の新共同訳新約聖書の「ヨハネによる福音書」では「初めに言があった。言は神と共にあった。言は神であった」である）により、神にも「吾人の識り得る所と識り得ざる所があ」り、この後者こそ「真如法性」、「法性」は「法身」であり、それには「法性法身」と「方便法身」との二つがある……と論じたのである。

そして興味深いことは、この「真如法性」が「化身」して法蔵比丘（阿弥陀如来の「因位」、すなわち前身の菩薩）となったという箇所で、「化身」に「インカアネーション」と右訓を付していることである。「インカアネーション」（incarnation）とは、キリスト教の考えかたにおいて、「言」が「神」そして「イエス」となって形をとったことをいい、「受肉」と訳される。柏木は「真如法性」が法蔵比丘となったことを「受肉」と解したということになる。そして法蔵の果位である「無量寿」「無碍光」（阿弥陀のこと）の法身仏が無智盲昧の衆生を憐れんで救おうと自らを空しうしたことについて、新約聖書「腓立比書二章六節以下」の「彼は神の体にて居りしかども自ら其神と匹しくある所の事を棄て難きこと、思はず反て己を虚しくし僕の貌を取りて人の如くなれり」（現行の新共同訳新約聖書の「フィリピの信徒への手紙」では「キリストは神の身分でありながら、神と等しい者であることに固執しようとは思わず、かえって自分を無にして、僕の身分になり、人間と同じ者になられました」である）とならべた。すなわち王子として生まれたにも拘わらず、王位を棄てて法蔵比丘となり、誓願を立てて長い修行の果てに極楽浄土を建立して阿弥陀仏となった、というストーリーをそのままイエスとキリストにあてはめようとしたのである。曰く「要するに法身仏は神応身仏即ち化身仏たる法蔵比丘は道（ことば）、肉体と成りたるナザレの耶蘇、報身仏即ち西方浄土に還帰したる阿弥陀は天に挙げられたる栄光の主基督に比すべきである」、と。このようにあっけないほど簡単に、法蔵比丘・阿弥陀とイエス・神とを対比してみせる。そして「法蔵比丘の話は神が人間を救はんには必ず人間となり人間として苦しみ労し人間に在て罪と死とに勝ち信仰に由て救はるの道を人間の為に開かざる可らずとの人心最深最奥の要求を発表し而して其が事実となつて基督に於て顕はれたのではあるまいか」とまで言う。もっとも右の柏木説は、ロイドの「外観より見れば基督に在る神、阿弥陀に在る仏と異なる様に見ゆるけれど深く其根抵《ママ》に入れば一なるものではあるまいか」という見解を下敷きにしたものと思われる。なお、ロイドは、大乗仏教が成立したのは「紀元一世紀頃の事」なので、仏教がキリスト教の考えかたに「感化」された、と解釈しているという。

　柏木はこの論考の最後に「此篇は故ロイド博士の著に負ふ所多し」[10]と言っているので、ロイドの考えかたに引きずられたという事情はあるものの、あまりにも単純な法蔵・阿弥陀とイエス・神とを対比していることに驚かざるを得ない。ただ、柏木の単純すぎる両者の対比に驚くことに先んじて、柏木がそれほどいまだに阿弥陀仏から遠ざかっていないということに気づかされるのである。いくらロイドの説が柏木にとって有用ないし魅力的であったにせよ、これほどまで安易に両者を対比して共通点を列挙することはもちろんさまざまな意味でかなり危険なことであろう。それはまず、柏木の従来の考えとどのように合理的に解釈し得るか、という点に集約できるだろう。

　ともかく、柏木の仏教批判は複雑である。仏教に対して全面的に、あるいはある部分に特化して批判、攻撃を加えるのではなく、きわめて独特な筆致によった。キリスト教界のロイドの仏教解釈を援用するのは柏木の立場からして不思議ではないとしても、あまりにも法蔵菩薩・阿弥陀仏とイエス・神との関係の対比、そしてこの両者が一体であることを論じるのに急である。キリスト論を展開するのに浄土真宗の教理を用いるのは柏木の独擅場といえるのだが、問題はそこに止まらない。それは、なぜキリスト論を、キリスト教の仏教に対する優位を論じるのに浄土真宗の教理を用いたのか、というその奥にあるさらなる疑問である。もちろん、比較宗教学的な観点からいえば、方便法身が法蔵菩薩となった、という浄土教学の浄土真宗的、あるいは親鸞的理解とキリストの受肉とを、一見似ていることをもって同列に論じることは適当ではない。要するに、柏木においてはキリスト論、キリストの受肉を親鸞的な文脈で理解することに意味があった、としか考えられない。

四　仏教批判の実際

日記の一九一一年（明治四四）六月一一日条につぎのような記事がある。この日は日曜日で、安中教会の礼拝に出席するために居住地の横浜から郷里安中に帰った湯浅治郎を囲んで、おそらく礼拝後に語り合っている。湯浅は植村正久、海老名弾正、小崎弘道、松村介石らと会合をした際、つぎのような話題になったと語った。「今ニシテ基督教化セズンバ遂ニ日本ハ日本教国タラザル可ク《ママ》、随テ日本ノ運命ニ関セン。松村氏等モ旗幟鮮明ニシテ共ニ前進シテハ如何ト。海老名氏ハ仏教トノ異同ヲ明ニシテ戦フ可シト云ハレタリ」。彼ら、当時のキリスト教界の指導者たちが共有していた具体的な危機意識の詳細はわからないものの、明治末期において大逆事件のような日本社会全体を揺るがすごとき、国家・社会の大変動を経験してまだ間がないとき、漠然とはしているものの、その危機を身にしみて感じ取っていたのかもしれない。この日、夜になって、柏木はあらためて有田屋に湯浅を訪ねてさらに一時間ほど語っている。海老名のことばなどについてさらに詳しく問うたのかもしれない。

現今の日本の国家・社会のありようについてキリスト教信仰の立場から危機感を共有した植村らキリスト教界の指導者たちとともに、安中にある柏木もさらにその危機感を共有したようである。そして海老名の曰く「仏教ト ノ異同ヲ明」すのならば、柏木は、それこそは自身の使命であることを身にしみていたことであろう。明治末期においてキリスト教側に仏教との「異同ヲ明」らかにしなければならないという課題がキリスト教界の内部に浮上してきていたということである。

近世初期以来、キリスト教と仏教（ないし儒教など）との「異同」を明確にして自らの立場を肯定する論争がしばしば行われたが、その際、方法は二つ、もしくは二段階あった。それはまず自らの主張を絶対化することとともに、相手側の主張や実態を徹底的に批判、攻撃することであった。柏木をはじめ、さきの植村らキリスト教側の人々は、日頃自らのキリスト教の立場に立って正統性を主張している。とすれば、ここでまず求められるのは相手たる仏教側の実態を徹底的に暴露し、かつその主張を論破することであろう。

柏木による仏教批判は、『月報』の第四号（一八九九年〈明治三二〉）に早くも見えている。第四号冒頭の「上毛春期婦人会近づけり主に在る上毛の諸姉に告ぐ上毛婦人矯風会諸姉に告ぐ」と長い表題の文章中につぎのようなくだりがある。「一夫一婦」制こそ「日本の今日程此問題の緊切重要なるはなかる可し世界の文明国か男女間の頽廃我国今日の如きある見よ」として、「一夫一婦」の実現を切望している。しかし現今の日本社会では「在来の宗教家公々然破倫の醜行を為して反て揚々得色あるは滔々たる社会今日の顕象に非ずや」として具体例を挙げる。それは「彼大谷派本願寺法主大谷光瑩の如く多くの妾あり私生児あり而して恥ぢず幾千の僧侶幾十万の門徒亦之を崇拝して自らの良心を羞かしむ男女間風俗の敗壊は特に僧侶に甚しきは争ふ可らざるの事実なるに非ずや」である。大谷光瑩（一八五二～一九二三。法主在位は一八八九～一九〇八）とは大谷派の本願寺（東本願寺）第二二世法主で現如を名乗った人物である。一八九六年に伯爵の爵位を与えられた。光瑩師の醜行は当時たいへん有名であったらしく、いくつもの新聞などで揶揄されている。ちょうど柏木が右の論説を書いたとき、光瑩師は東本願寺法主であったわけで、とりわけその言動がさかんに取り沙汰されていたものとみえる。(11)

ただ柏木のこうした論調がたんにスキャンダルの暴露に終わっていないのは、光瑩師やかつての蓮如などの行跡を目の敵のごとくあげつらうことだけに終始していないからである。日本におけるこうした「貞潔の乱れ」は昨今の問題ではない根の深い問題であった、それは、

長く我国風教の維持者たりし儒教は蓄妾を是認し仏教は出世間の教として甚だ倫理を重んぜず

> 若し之を重しとせば唯所謂世間通途の義に準ずるのみ故に世間に蓄妾の風あれば亦随て其流潮に伴うのみ去れば一方に妻帯を禁じて家を成さざるの他宗あれば他方には妻帯を許すと共に多妻亦必ずしも非とせざる真宗あるなり

という歴史的背景をもっていたからだ、というのである。蓮如や光瑩師らの「多妻主義」的傾向も、彼ら自身の倫理性に帰せられる問題ではなく、歴史のなかで浄土真宗自体がもっていたその歴史性の所産である、という広い視覚をもっていた。いずれにせよ、「儒教と云へ神道と云へ仏教と云へ歴史上家庭を粛清し風紀を正すの権威なきは実に由々敷国家の大事」[12]である、とまさに彼ら僧侶の醜行は個人的なことがらとしてではなく、国家・社会の問題あるいは歴史の問題として一般化、構造化されて論じられていた。

したがって、大谷某など僧侶でありながら醜行に奔るのは個人の問題であるとともに、浄土真宗における「法主」の制度自体にその淵源がある、と歴史のなかに日本の仏教の構造的問題を探りあてた。『月報』第一八九号（大正三）の「鶏肋漫筆」につぎのように「西本願寺改革派の意見」が紹介されている。曰く「宗門根柢の革新は血脈相承の根本的否定に在り……法主神聖説は過去の迷夢也……血の流は人格の流に非ずして而も之を以て宗教的神聖と為すものは却て其堕落を示すものなり」である。この記事の背景として、当時、いわゆる大谷探検隊を組織して中国西域に仏教遺跡の探索を行った大谷光瑞（西本願寺第二二世法主、鏡如を名乗った。一八七六〜一九四八）が多額の費用を捻出するため、西本願寺に伝来した文化財を売却した、という疑惑が挙がっていたことがある。かくして法主とは蓮如をはじめ、光瑩師にしろ光瑞師にしろ神聖などではさらさらない、というわけである。

柏木は、かくして浄土真宗に潜む最大の結節点である「血」の問題の意味を正当に解き明かした。これは大谷派寺院の出身である柏木自身にとっては、止むに止まれぬ、まさに「血」の問題ではなかったか。浄土真宗自体を批判、ましてや否定するのではない、柏木にとって本来あるべき浄土真宗の姿をそうでないものにしているものを厳しく批判するのである。したがって、このように大谷某や蓮如、ひいては清沢満之までもが厳しい批判の対象とされたのにもかかわらず、親鸞自身はそこには含まれていなかった。親鸞以後の「本願寺」の流れのなかで、親鸞を親鸞たらしめざるものを批判しようとしたのではなかったか。親鸞を批判することは今の柏木の任ではなかったのである。[13]そのように考えるならば、あえてロイドの説を肯定的に援用する意図が了解できる。方法論として多少ならざる問題を内包しているロイドの仏教研究を、柏木は彼の考えるあるべき浄土仏教のありようを描くために有用なものとして受容したといえるのである。なぜならば、親鸞的なものはそれほどの衝突なしにそのままキリストに連続していったのだから。

五　明治以後

大正期に入っても依然として政治権力は国民に神社崇拝を強要する姿勢を強化していった。それは群馬県とか安中といった地方にも確実に及んできた。『月報』第二二六号（一九一七年）には「群馬郡教育会の所謂敬神思想涵養」と題した柏木の文章が掲載されている。これによれば、群馬郡教育会(14)は同郡内の小学校校長の諮問による「小学校に於ける敬神愛国の思想涵養に適切なる施設如何」という問題に関する調査委員会を設け、その調査を行った。その中には、施設に関する事項として、各学校にあっては校内に適当なる神棚を設置すること、家庭にあっては毎朝神棚、仏壇に礼拝し、盆、彼岸、縁者の忌日などには墓参をし、鎮守の祭礼などの際には必ずその神社に参拝する、といった項目があった。これに対して、柏木は四カ条にわたって厳しい批判を加えた。第一には、「群馬郡の教育調査《ママ》会は憲法上の信教自由を如何に解せらるゝや帝国憲法第廿八条は信教自由の大義を顕章して明々昭々たり」という最も原理的なものであった。郡教育会として郡内の人々、小学校生徒に神社崇拝を強要することに対する批判である。ただ、郡教育会によるこの調査は、たんに神社だけでなく、「仏壇」に対する礼拝も含まれていたが。しかし、その仏教にとっても「真宗派の如きは一仏一向の主義を奉じ先年有司が元旦に七三五縄を門戸に飾らしめんとせし時雑行雑修として之を峻拒し物議を惹起せしことありたり今若し真宗門徒の家庭に向て命令的に神棚を安置せしめんとするが如きことあらば必らずや其反抗を招くや必せり」そして「況や霊なる独一真神を崇奉する基督教徒の如き断じて神棚や仏壇に跪拝を肯んず可らず」と続ける。郡教育会は、神社崇拝、神棚設置を人々に強要したが、それはキリスト教徒のみならず、浄土真宗門徒に対しても言語道断の仕打ちであるとして、柏木は真宗（門徒）に続いてキリスト教（徒）を並べたのである。

第二には、「群馬郡教育調査会の提案は神の観念を淆乱するもの」という批判である。「人は二人の主に事ふる能はず苟くも真面目の信仰に立たんには元来神棚と仏壇とは両立し得るものに非ざるなり彼の本地垂迹両部神道の如き至竟神仏の野合にして思想の錯乱、信念の紛更に過ぎざる」ものであるからである、と。かつて平田篤胤の如き「神道者流は猛烈に本地垂迹の説を排して其仏教と漢賊両立せざるの意気を示した」、さらに「如才無く真宗の徒さへも真面目に其宗義を信ぜんと欲せば神仏の野合に甘んず可きに非らず」、と。奈良時代以来千年以上にも亘って続いてきた神仏習合という〈風習〉に対する根本的批判であるが、おそらく当時の社会に対してはそれほどのインパクトはなかったと思われる。なぜならば、当時の人々は依然として長らく続いてきている神仏習合のありかたのなかでとりわけての原則的な異議申し立てには至らなかったであろうからである。そしてやや皮肉っぽく、万事「如才」ない真宗門徒、そして平田派「神道者流」も信仰の純粋性に関しては妥協するはずはないだろうという。

そして第三には、「群馬郡教育調査会の立案は学童に偽善を教ふるもの」であるという批判である。これは「国民教化の方便として敬神崇祖神社崇拝の訓令を発」したとしても、それは「人の崇敬心を濫用して安売せしむるものにて人格を毀傷する」ことになるからである、と。真の信仰ではないものを形式的に強制しても無意味であり、「偽善」である、という批判である。

最後には「神社崇拝と国体と結びつくるは国体を傷つくるものなり」である。柏木は、天皇を国家の主権者と定めた憲法を重視し、天皇自体に対する厚い尊敬心を保持し、その連続として、あるべき「国体」のありかたをキリスト者として模索していたことがわかる。柏木はけっして天皇という存在や「国体」を否定していたのではない。神社崇拝を国民に強制することは、ひいては「国体」を傷つけることにつながる、と彼は考えたのである。「古き思想に由て国体を維持せんとするは反て我国体をして文明の光明に照らされて其威力当然失墜し去」ることになり、「寧ろ国体を傷くるものに非ずや」、と。

このように、柏木による、国家の国民、学童らに対する神社崇拝の強要・強制はけっして国家自体のためにもならない、ひいてはその「国体」を傷つけることである、という考えかたは、キリスト教界でもめずらしいものではなかったと思われる。(15) ただ柏木において独自な点は、それぞれの論点において浄土真宗について言及しているということである。そしてその場合、真宗の独自性が肯定的な文脈で説かれているのである。国家として、神社崇拝など旧来の神仏習合的な信仰のありかたを「敬神思想」としてひろく国民に強要することを批判したのである。そしてそこで少し猶予をおいて、然るに浄土真宗（門徒）は、そのようなありかたに対して批判的である由を付け加えている。このように浄土真宗を他の仏教宗派とは異なった扱いかたをする傾向は、ほぼ定型化してゆく。『月報』第二〇八号（一九一六）にすでにその先蹤はあった。「鶏肋漫筆」のなかに「本願寺一派」と題した文章が挟み込まれている。曰く、「本願寺一派」は官憲の干渉に反抗して七五三縄を張り、神棚を設置し、伊勢神宮の大麻を祀ることを拒絶して宗旨を旗幟鮮明にしたことを「吾人の快」としていた。またこの間の『月報』第一一七号（一九一七）には、柏木自身のことばではないが、植村正久の「神の弁」を『福音新報』誌から転載した。これにおいて植村は道教、儒教、仏教と並んで「神社崇拝」を批判することを通して、キリスト教信仰の正当性を主張していた。

このように、明治末期から大正期にかけて『月報』には仏教批判の文章が頻出している。しかし、徐々に、『月報』からは柏木自身の筆による文章の数が減少しつつあった。かわりに増加していったのは、たとえば亀谷凌雲《かめがいりょううん》の文章である。亀谷は柏木よりももっと強烈に親鸞・阿弥陀仏からキリストへと転回を遂げた。

六　亀谷凌雲

柏木よりも三十歳ほど年少の亀谷凌雲（一八八八～一九七三）は富山の由緒ある真宗大谷派正願寺(16)の住職を勤め、その後キリスト教に入信して牧師にまでなった人物である。のちに郷里富山市近郊に富山新庄教会を設立し、牧師としてより強く仏・基の比較のうえにたったメッセージをもって熱心な伝道を行った。

『月報』においては第二二八号に亀谷の主宰した個人伝道誌『十字架』の文章が初めて引用された。これ以後、『月報』には『十字架』など亀谷の文章が頻繁に引用されるようになる。大正期以後の柏木においては亀谷を必要としていた、ということであろう。これが柏木義円における明治から大正への移り行きであった。

亀谷は、第四高等学校を経て東京帝国大学文学部宗教学科に学び、姉崎正治教授に師事した。卒業論文のテーマは「善導大師」であったという。唐の善導（六一三～六八一）は親鸞の師、法然が「偏に依る」とまで言った大いなる先達である。もちろん親鸞にあっても、七高僧の一人としてきわめて重要な先師として尊敬された。これは亀谷自身の浄土真宗の信仰を確認するためのものであったと述べている（『仏教からキリストへ——あふるる恩寵の記』亀谷凌雲先生図書保存会、一九五一年）[17]。亀谷は大学在学中からキリスト教に浅からぬ関心をもっていたが、寺院の後継者という自身の身分を甘受して、卒業後には自坊の住職となった。しかし、キリスト教への関心ただならぬものがあり、遂に住職の地位を捨てて、キリスト教の受洗、そして牧師の道を進んだ。亀谷の人生行路については、右の自著などに詳しい。個人伝道誌にさきの『十字架』がある。

亀谷の文章の『月報』への転載は第二二八号での初出の後、徐々に増加する。第二二八号のあと、第二八一、三四四、三五八、三八三、三九六、四一七、四二七、四二九、四三九、四四〇、四四四、そして四四五号である（なお終刊は一九三七年の四五九号である）。あとになるほど間隔が短くなり、頻繁になっていることがわかる。これはようやく老年に至った柏木自身の体調によるところも大と思われるが、おそらくそれだけでもなく、自分の考えを亀谷が代弁していると柏木自身が考えたことにもよるのであろう。

さて、亀谷はいかなるメッセージを発したのか。柏木とのかかわりに限って確認しておきたい。

かれらの共通点はすでに触れたとおり、ともに浄土真宗（大谷派）寺院に生まれ、育ったことである。そしてその共通点にたって、『十字架』誌などから柏木が『月報』に少なからぬ引用をしたということである。その意味で両者のあいだに（少なくとも柏木から亀谷に対して）は通行するところがあったと考えられる。

キリスト者となった亀谷はけっして、かつての自分自身の信仰と同じ浄土真宗の信仰を否定しない。否定しないどころか、独特の論理で肯定的に捉えている。もともと亀谷は「弥陀の救いを求」めていたという。そこで大学では宗教学科に入った。島地大等講師から、真宗でいう他力について、他力を獲得してそれが自力にならなければならない、そこにこそ他力を真の恩寵として徹底するのだ、と教えられ、深く共鳴した、しかし真宗には「道徳の徹底」が未熟である、その点について、宗教と道徳との関係を徹底させるのが自分自身の問題である、と思うに至ったという（以下、引用は『仏教からキリストへ』から）。その後郷里富山に帰って住職を継職した。住職を勤めつつ、中学校の教師としても務め、日本歴史と英語を教えた。英語を教えるために亀谷自身もキリスト教のヘネガー宣教師に直接英語を教わることになった。ヘネガー宣教師からは聖書を読むことを勧められ「研究ならば何にしろ悪くはない。ことに聖書は知っておくほどいい」と考え、ヨハネ伝を宣教師とともに読み始めた。これが亀谷がキリスト教に触れた事実上のきっかけであった。そのなかで亀谷は「キリストの救いの事実そのもの」を見るに至った。これから亀谷は浄土真宗寺院の住職を勤めながら、内面ではキリスト教信仰にシフトしていった。もちろん、このことは彼自身にとって多大なストレスであり、ジレンマであった。

亀谷の至った境地は独特である。「私はキリストに来って、久しく求めに求めていた真実の如来に見えまつり得た」という。「基督教はもちろんいいが、仏教もまた実にいいのだ。両教とも真理だ、真理に従うのに何がわるかろう」として「両教信仰」を得たというのである。そして遂に心が定まって「今や完全にキリストのものとなってしまった」。このあと、寺家では当然のことながら妻、母そして檀家とのあいだにいろいろな軋轢がおきた。ただしやや時をへて、一家にはそれなりの安定が訪れている。以下、これらの詳細については省略する。

亀谷の了解した独特の「両教信仰」、あるいは仏教的な言い方に従えば、己証といえようか、それはつぎのようなていのものであった。仏教にいう「三身一体」の説、すなわち、仏身説のことで、法身・報身・応身の三身をさす。亀谷に従えば、報身とは「救い主として現われし霊的人格者」しかし「弥陀のごとく人格ある救い主ではあるが、キリストのごとき受肉した救い主でない」、応身とは「釈尊のごとく肉体をもってこの地上にあらわれ、一切衆生をおしえ導く御方」「受肉はしているが、救い主それ自身でなく、救い主をおしえ示すおしえ主」、そして法身とは「人格を超越していて人格者でない」としてキリスト教学に即して理解する。(18) しかし、こうした仏教の「三身」に対して、キリスト教の「三位は三位とも徹底せる人格者であり、三位一体として働きたもう一人格者」である、と。そして、たんなる仏基一体というのではなく、もちろんキリスト教が上位に立っている。曰く「されど一度真にキリストの恩寵の大海に浴した上には、キリストこそが、天地の上に、天地を貫き、天地の中に在す、唯一の万物の創造者・育成者・完成者にて在られること」明らかである。「仏教には肉体ある者は皆教え主の地位に止まっており、肉体をもって完全なる救いそのものを成就した仏はない」として仏教の限界を示唆しながらも、「仏法といえども、これが真理ならば神の定めたもうた法であるべきだ、……ついに神信仰の極致たるキリスト信仰の隣りにまで〔仏教は〕到達してきたもので」ある。そしてそのキリスト信仰の「隣り」にまで到達したのは「絶対他力信仰の親鸞教」である。そしてついに「キリストに仏教の極致のあるを見出」すに至った。日蓮の徒の題目、念仏の徒の念仏、「これらのいっさいを完成する十字架を切るのだ」、という、いわば事実上の仏基一体論にまで立ち至ったのである。

亀谷の個人伝道誌である『十字架』は、一般信徒のために平易な言い方、かつ短い文章で教えを説いている。これをみれば、亀谷の現実的な信仰内容がよくわかる。右にみた『仏教からキリストへ――あふるる恩寵の記』にみられる、時系列で展開され、かつやや体系的なもの謂いではなく、会話調、口語調で、時に極端な箇所も散見する。曰く（聖書を読むと）「何と驚いたことでしょう。読んでゆくうちに、仏教の説く真理が皆そのなかに生き生きと輝いているのです。のみならず、その中心である救い主キリストこそが、あらゆる仏の諸徳を皆そなえていられる事実を見た」、と。キリストは「私の内に顕われ」「私の内に住み給う」、そしてついには「真実の仏教徒であれば、この十字架のキリストを無視することは出来ぬ。否このキリストにこそ帰依せずば、真の仏教徒では有り得ない」とさえ述べるに至っている。右の『仏教からキリストへ――あふるる恩寵の記』は一時にまとめられた体系的書であるのに対し、これらはその都度執筆された「短文」であるので、多少文体、書き方が異なるとはいえ、キリストへの帰依こそが真の仏教徒たりえる、という、いわば仏基一体論といえるような主張はかなり独創的なキリスト教理解と言わざるを得ない[20]。

柏木はこのような、自身と亀谷との〈客観的〉な懸隔を意識していたであろうか。柏木と亀谷とは同じ真宗大谷派寺院に生まれ、のちにキリスト教に入信した者同士として、また力つよさということに関しては共通するといえようが、キリスト教理解、仏教理解については、共通するところがどれほどあったのだろうか。『月報』も、終刊が近づくにつれ、亀谷らの文章の転載が増えている。これはもちろん多分に柏木自身の経年に依るものであろうが、それだけで処理できるものであろうか。あるいは柏木自身も年を経るにつれ、何がしか思想的な変化を遂げていたのかもしれない。

『月報』における亀谷の文章の初出は、第二二八号（一九一七年）である。ここに「仏教より基督教へ」と題した亀谷の長文が転載されている。これは亀谷が一時学んだ近江兄弟社に関連した『湖畔の声』という雑誌の吉田悦蔵記者の求めに応じて同誌に執筆した由が記されている。ここには、出自、青年期の精神的遍歴などについて述べており、右の著書の内容とはさほど違いはないが、分量の点でコンパクトである。そのなかにつぎのような注目すべき文言もある。

基督の御教は他の如何なる宗派にも劣らぬのみか如何なる宗教も全く比較にならぬ程勝れて居ると云ふことが段々と分つて来たのでありますす実に基督教には真宗も日蓮宗も総て含まれて居

て而かも其れ以上であると云ふことが私の心に明確になつて来たのであります……私は仏教を電灯とすれば基督教は日光であると信ずるのであります

引用の主体である柏木はこうした内容についてコメントを付すことはしないで、亀谷のプロフィールの紹介のみにとどめている。右の引用のいうところは、亀谷自身が否定してはいるにもかかわらず、キリスト教が仏教を包含する、という構図での仏基一体論に他ならない。このような趣旨自体は亀谷の思想であるとしても、それをコメントなしで引用した柏木の当該問題についての見解はどのようなものであったのかはわからない。ただ少なくとも否定的な文脈で引用したのではない限り、柏木の考えかたも、大同小異であると考えるべきであろう。あるいは、柏木としては、亀谷の思想の全体を丸呑みで肯定的に受容するというのではなく、亀谷の出自、強い信仰に基づいた類いまれな行動力に着目して亀谷を評価している、ということかもしれない。

右の文章にいうとおり、亀谷は、浄土真宗のみならず、他の宗派も一様にそれなりの肯定的価値をもつものとして捉え、それらがすべてキリストの教えに含まれる、というユニテリアンを想起するような、いわば万教一致的な立場に立ち、けっして仏教（各宗派）の教義やありかたに対して批判的であったわけではない。この点が柏木の場合と相違するところである。しかし、そうした相違があるにもかかわらず柏木はこのたび亀谷の文章を引用し、この後はさらに引用の頻度を増していった。

一九一三年（大正二）七月二二日付の前波善学から柏木義円宛の書簡がある（片野真佐子編『柏木義円書簡集』行路社、二〇一一年所収。この書の通し番号はR六九）。文中でも触れられているが、前波は、柏木の生家西光寺のあった与板の浄土真宗本願寺派長明寺住職であり、小説家松岡譲こと松岡善譲とは従兄弟である。前波は松岡の母ルエの姉の子である。松岡は越後長岡の真宗大谷派本覚寺の法嗣として生まれたが、僧になって寺を継ぐのを嫌い、寺を出た。東京帝国大学文学部哲学科入学後、夏目漱石の門下となった。妻は漱石の長女筆子である。「譲」という名乗りも、僧侶風の「善譲」を忌避して後に改名したものである。なお、一九二三年（大正一二）、第一書房から出した、真宗寺院や世襲される住職家の内部を暴露した長編小説『法城を護る人々』は処女出版ながらベストセラーになった。ちなみに「法城」とは無量寿経巻上の「厳護法城開闡法門」に基づく。松岡および松岡の作品の書誌については、関口安義『評伝 松岡譲』（小沢書店、一九九一年）に詳しい(21)。

さてこの前波の書簡から、柏木は郷里与板の長明寺住職であった前波に『月報』などを送付したらしいことがわかる。あるときには亀谷の『十字架』なども同封したようである。前波曰く「毎々「教報」お送り下され御礼状も差上けす打過ぎました処今回のお手紙やら「十字架」やらお送り下さいまして、難有く御礼申し上ます。亀谷師の事は時々新聞などにて承り常に敬慕して居りましたが、今回は直接に氏のお筆を拝読いたし尊く感じました」。前波は、亀谷の姿勢や主張に対しては基本的には肯定していながらも、亀谷の親鸞理解、キリスト教理解には厳しい、かつ根本的批判を呈している。親鸞ならば、亀谷師のように「聖書の外は何も読まぬ、主との他誰とも語らぬ、主の命の他何をも行はぬ」といった誓いを天下に発表することはできなかっただろう、「誠に私如きものにとつては亀谷師の宣言は恐しう御座います、あまりに尊く高く戦慄させられます……私の如きものに取つては亀谷師の道は何といふけはしい恐しき道でありませう」と述べている。たしかにこの亀谷のことばからは、たとえば『歎異抄』に示された「念仏申し候へども、踊躍歓喜のこころおろそかに候こと、またいそぎ浄土へまゐりたきこころの候はぬは、いかにと候ふべきことにて候ふやらんと、……親鸞もこの不審ありつるに……」（第九条）といった親鸞の言う信仰についての「不審」あるいは迷いのようなものはまったく読み取ることはできない。文字通りの揺るぎない「金剛の信心」そのものである。前波自身も親鸞の抱いたこの「不審」や迷いを共有していたのかもしれない。要するに、前波の言うところは、亀谷のメッセージは、信仰において力つよい、しかし人間の実態に即したリアリティに欠ける、といったところではないだろうか。ただ、こうした前波の見解について柏木の反応は示されていないのでわからない。しかし亀谷の考え方は、このようにおそらく一般にはなかなか了解しづらいところが多少ならずあったと思われるのだが、そのあたり、柏木はどのように捉えていたのだろうか。

柏木は『月報』第三九六号（一九三一年）に「基督再臨問題に就て」という特集を組み、亀谷の文章を好意的に引用しつつ、論じている。この問題については、柏木自身が回顧するように一九一八年（大正七）の『月報』第二三七号に掲載した論を再録している。これに続いて亀谷の文章を掲載する。亀谷いわく、「今の世に最大難事は……之〔再臨〕を信ずる能はずば寧ろ基督教全部を棄てたらい丶、之は最早基督教には非ずして異教であるからである」（「再臨信仰の難事」）と。亀谷の単純にして力強い論調は依然として健在であった。

このころの『月報』には権力側が国民に対して神社崇拝を強要すること、その神社崇拝とか宗教としての神道というものについての否定的見解が目につく。ちょうど、いわゆる十五年戦争の開始時期に相当する。政府・権力側の姿勢に対応して柏木・『月報』の姿勢は迅速で揺るぎない。

ただ、神社、神道崇拝強要という国家・社会の大状況のなかで、キリスト教信仰の立場からそれに対抗するものとして再臨信仰の強調をもってしたことは注目すべきであろう。ここでも柏木は亀谷と同調しているといってよい。キリストが今遠からずこの地上に現われて世と世の人を救う、という再臨信仰は、はたしてこの場合、現実的な対抗措置として機能したのだろうか。また柏木もそのように考えたのであろうか。もしそうであるとすれば、それはどのような論理をもっていたのだろうか。かつて内村鑑三がホーリネス教会の中田重治らと再臨信仰の運動を強調した背景には、彼自身の個人的な悲しい経験があったことはよく知られており、それなりに状況は了解可能である。しかし、その場合と今とは事情が異なる。柏木はいかに考えたのだろうか。

一九二五年に治安維持法とともに成立し、公布された普通選挙法にのっとって第一回普通選挙が実施されたのは、一九二八年（昭和三）二月のことであった。この月に刊行された『月報』第三五一号には奇妙な話題を登場させた。それは柏木に贈呈された書物について紹介する記事のなかのことである。その書物とは、かつて融通念仏宗の僧侶で、のちにキリスト教に入信し、やはり亀谷同様牧師にまでなった道旗泰誠なる人物の著した『支那の浄土宗の開祖善導大師に与へし景教（基督教）の感化[22]』というものである。問題の記事は、この書中に紹介されているエピソードに関するものである。やはりかつて浄土真宗の僧侶であったがのちにキリスト教の牧師になったという故松崎某なる人物の言ったこととして、

本願寺の奥の巻《ママ》は新約聖書に依りて浄土真宗を立てゝ居る其証拠には本願寺の御影堂の下に基督教の新約聖書が納めてあるそれは極めて秘密になつて居て法主の代がはりの時だけ一度之を新法主に見せる

さらに「西本願寺の重役一人」の話として、

実は西本願寺には珍らしい宝物があるそれは親鸞上人の真筆で基督教の聖書マタイ伝が保存されて居るの

というものであった。柏木としては、浄土真宗のならいとして、仏教の開祖である釈迦を祀ったり灌仏会などを行ったりしないことを指摘したうえで、これらのエピソードに対して批判的であるどころか「浄土教阿弥陀の救世の教説が釈迦固有本来の教説よりも寧ろ基督教の救拯の教に近きは見

逃す可らざる所と存候」と言い、右の説を肯定しているかのようである。客観的にいえば、西本願寺の奥に云々、というエピソードについては、そのような話題がでるほど「浄土教」と「基督教」とのあいだにはある種の相似性があるということがしばしば指摘されているということであって、西本願寺に親鸞自筆の聖書があるということが事実かどうかという詮索をはるかに超えている。しかし柏木は客観性や妥当性が問われるべきその点についてはあえて踏み込んではいないし、むしろ、よくぞ言ってくれた、といわんばかりの紹介ぶりである。そして問題はさらにそのあとにある。

柏木は、たとえば「真宗教理のチャシピ《ママ》オンなる東大教授高楠順次郎氏」[23]が、世界の宗教を二つに大別できるとすれば、「神を立てる宗教と神を立てない宗教との二」となり、その後者は「唯仏教のみ」である、また「祈禱のある宗教と祈禱の無い宗教との二つ」に分けるならば「親鸞聖人の一流には祈禱と云ふことは一切ない」[24]云々と言ったと紹介している。高楠のこの文脈に従えば、神を立てない仏教のなかで、祈禱のない宗教はただ「親鸞聖人の一流」だけ、ということになる。「親鸞聖人の一流」は神も立てず、祈禱もしないという独特な宗教であると高楠は言う、と。また、アメリカの仏教学者「ポール、ケーラス」[25]が言ったように仏教は無神論であり、キリスト教とは当然のことながら「相容れざるものと存候」「然るに浄土教、弥陀宗が反つて基督教と頗る相近似する所有之候は頗る不可思議と存候」、そして「浄土教は果して釈迦の仏教にて候か一大問題と存候」とまで言ったのである。

柏木によるこうした評価は、表面的なもので文字通りに受け取る必要はない性質のものと見えるかもしれないが、じつはきわめて重要な一言であると思われる。なぜならば、もしそのように柏木が仏教や浄土仏教、浄土真宗・「親鸞聖人の一流」を理解していたとすれば、全仏教から（少なくとも）浄土真宗は別物として扱うべきものとなり、たとえば仏教批判の対象には入らないということになるからである。「祈禱がない」とか「頗る不可思議」といった評語は価値中立的ではなく、文脈上「頗る」好意に満ちたものとして読むことができる。したがって、この「浄土教は果して釈迦の仏教にて候か」という、たんなる一言に見えてじつは重大である。この疑問と当然そこに想定される肯定的な答えは柏木の仏教観、浄土真宗観を全面的に規定してしまうかもしれない可能性をもっていた。ただこの、いわば片言隻句をもって結論とすることには躊躇を覚えるが、少なくともここでいえることは、柏木が浄土真宗を仏教中の他の宗派とは別のものとして扱う考えかた・姿勢、思考の枠組みをもっていたということである。

ともかくいずれにせよ、大正期以降の柏木、そしてその思想的表現としての『月報』には揺れが目立つ。右のような問題点がありながら、亀谷凌雲の文章を少なからず転載していったこと、そして道旗泰誠の著書を紹介する柏木自身の『月報』の記事などからはその揺れとともに、柏木の人格においてはまちがいなく親鸞がいたことを確認することができる。

おわりに

柏木義円の人格において親鸞がまちがいなくいた。柏木がキリスト者となって以降ももちろんそうであった。このことは、キリスト者、牧師としての柏木義円を貶めることではまったくない。むしろ思想家としての柏木の豊かさ、奥行きの深さを証するものでさえあると思われる。なぜならば、具体的に言えば、柏木義円はアメリカから伝えられたキリスト教をそのまま文字通りに、何も削ることも加えることもせずにそれをキリスト教として受容したのではなく、日本の歴史のなかで形成されてきた歴史的な日本思想を背景として生まれ、育った日本人の思想・信仰としてその宗教的人格が形成されたからである。このことは、柏木義円がある時、「回心」を経験して自覚的なキリスト者となった、その「回心」を否定するものではない。柏木自身が彼自身の過去、依って来たるゆえんについて意識するにせよ、無意識であるにせよ、同じことである。また、柏木の場合、浄土真宗寺院に生まれ、育ったという彼独自の経験がある。この経験は知らず知らずのうちに彼の内面に浄土信仰や親鸞という存在がどのような意味合いにせよ、影を落とすという機能を果たすことにつながった、ということは否定すべくもない。そして、このことが彼の人格形成にそれなりのかたちで資することがあった、ということはきわめてあたりまえのことでもあろう。本章はそのあたりまえのことを史料に即して確認したものにすぎない。

註

（1）一九〇九年（明治四二）九月二二日の日記に、前後の脈絡は不明ながらも「御威光で三千世界手に入らば極楽浄土我に玉はれ」という戯れ歌が記されている。誰の「御威光」なのかもわからない。また翌一九一〇年七月三〇日条に、これも前後の脈絡は不明であるが、鎌倉時代の著名な関東武士で、法然の弟子となり念仏の信仰を得た蓮生こと熊谷直実の歌という「浄土にも剛の者とや沙汰すらん西に向ひて背みせねば」（なお『国歌大観』には見えない）を書きこんでいる。

もちろん、これだけで何かを論じることはできないが、少なくとも「眼差し」を読み取ることは充分に可能であろう。なお、以下、柏木の日記については、飯沼二郎・片野真佐子編『柏木義円日記』（行路社、一九九八年）、片野真佐子編・解説『柏木義円史料集』（行路社、二〇一四年）によった。

柏木の「眼差し」あるいは出自への意識について、伊谷隆一は「越後の武士待遇の僧門の出である義円に、武士的エトスが脈々とあった」（「回帰と憂憤のはて」、同『回帰と憂愁のはて』国文社、一九七一年所収）と述べているが、これにはまったく賛同できない。先祖はたしかに武士であるとしても、柏木には自身を武士の出である、という意識はおそらく皆無であっただろう。また武士待遇云々は近世の藩をめぐる制度の問題であって、そこに近代に生きた人物の自意識を同一化させるにはそれなりの手続きが必要である。ちなみに、一九〇八年（明治四一）二月に刊行された柏木の著書『霊魂不滅論』に「日本の武士道の如きも、寧ろ形式的体面に拘泥して、反て人格の尊貴を認めない嫌がある」（第七章）という文言もあった。

（2）この「吾人……主張す（尊重す）」の重畳表現が、浄土仏教の最も重要な経典のひとつである無量寿経（巻上）に記された「設我得仏……不取正覚」の形式で阿弥陀仏の前身たる法蔵菩薩の誓願が四十八個続いて書かれていることに似ている、と解するのは、読み込みすぎであろうか。

（3）原文ではこの箇所に、「品性の毀壊する」国民として「朝鮮国民」「韓国民」を挙げている。柏木は日清戦争時において義戦を主張し、戦後にそれを痛烈に自己批判したはずであったが、やはり感情が先走るときにはこのような朝鮮蔑視が抜けがたく伴っていたことがわかる。

（4）『月報』の記事や日記によれば、柏木は平生から前橋教会に所属した高畠素之、安中教会より碓氷峠寄りの原市教会の長加部寅吉ら地域の社会主義者とはしばしば交流したことがわかる。

（5）　日記の一九一〇年（明治四三）六月四日条には、『月報』の記事の内容に関して、警察から呼び出された由の記述がある。それは「昨日掲載ヲ差止メタル幸徳氏等犯罪事件ハ爆発物ヲ製造シ過激ナル行動ヲ為サントシタルモノナリトテ其等ノ事丈掲載ヲ許ストノ検事ヨリノ命令ヲ交付スル」というものであった。

（6）　石川啄木「時代閉塞の現状」（『日本文学全集12 国木田独歩 石川啄木集』集英社、一九六七年初版）。

（7）　この年七月二四日の日記に「今日学校生徒熊野神社ニ参拝ス。今回ノ事ニ依リ、如何ニ偽善ト猥瀆ト信仰自由侵犯トガ行ハル、カ知レズ、ア、偽善国」と記されている。もちろん「今回ノ事」とは、明治天皇が重態に陥った、ということを指している。熊野神社は安中教会のやや東、西広寺の北側にある。

その前日の二三日の条《（ママ）》には「二十日ヨリ天皇陛下重態トノ発表アリ、……神仏基先キヲ競フテ祈願ス、彼等ノ祈リノ意味如何、基信仰如何。聖上亦物質法ノ下ニ服セザル可ラズ、……聖上ヲシテ神ノ位地ニ居ラシメ道義ノアウソリチータラシメントスルモノハ誰ゾ。嗚呼人世至上ノ位地ニ在ルモノハ不幸ナルカナ気ノ毒ナルカナ」とある。天皇重態化の報を受けて「神仏基」こぞってその恢復を祈ったというのだが、柏木はその祈りの意味を問うている。睦仁氏自身のために祈ったのか、その「位地」のために祈ったのか、と。このように周囲から弄ばれている「聖上」こそ「不幸」「気ノ毒」として柏木は「物質法ノ下ニ服セザル可ラ」ざる天皇・睦仁個人に至って思いを馳せている。

（8）　『愚禿悲嘆述懐』第七、八首（『親鸞聖人全集』第二巻所収）。

（9）　『往生論註』は天親（世親）の『往生論』について北魏の曇鸞が付した注釈。具名『無量寿経優婆提舎願生偈註』。大正新脩大蔵経巻四〇、八四一頁b。また大原性実『真宗学概論』（永田文昌堂、一九六〇年）によれば、如来については「一般仏教学においては二身説・三身説・四身説等種々に分類されてあるが、親鸞は曇鸞の二種法身の説」によった（二二八頁）。また、宇井伯壽は理念としての化身、の意で「理仏」と表現している（『仏教汎論』岩波書店、一九六二年、四四頁）。

（10）　日記の一九一一年（明治四四）八月一四日条に「ロイドノ親鸞ヲ読ム」とあるが、これはおそらく *Shinran and His Work: Studies in Shinshu Theology*, Kyobunkan, 1910 のことであろう。この日以後の数日、ロイドを読んだようである。またこの頃、キリスト教関係の書籍以外には、ロイドの仏教研究関係の著作だけでなく法華経や「諸宗綱要」、法然、歎異抄を読んだ、云々の記事も散見する。「諸宗綱要」とは、吉村覚寿『明治諸宗綱要』（法蔵館、一八九〇年）のことと思われる。なお、この「諸宗綱要」はよく読まれたようであり、版を重ねている。この他にも、熊沢蕃山の伝記（詳細は不詳）、蕃山の集義和書、集義外書などを読んだ、という記述が目立ち、二宮尊徳にも関心を寄せていたことがわかる。

アーサー・ロイドは多作の人で、仏教関係の著作としては、*The Creed of Half Japanese Buddhism*, London: Smith, Elder & Co., 1911 の他に、*Shinran and His Work*; *The Wheat among the Tares: Studies of Buddhism in Japan*, Macmillan, 1908; *The Praises of Amida: Seven Buddhist Sermons*, Bukkyo Bunka Society, 1934 などがある。それ以外にも翻訳や英語学習参考書、辞典類、英語教科書なども多数ある。柏木がこのうちのどの著作からロイドの仏教解釈を知ったのかは明確ではないが、おそらく、少なくとも先きの *Sinran and His Work: Studies in Shinsyu Theology* に依ったのは相違ないと思われる。

ちなみに冒頭の *The Creed of Half Japanese Buddhism* では、第二二章“The Gempei Period”において浄土仏教についての解説を試みている。ロイドは阿弥陀仏に関して（親鸞について言及した箇所ではない）、たとえば、“Amida is Ichi-butsu, the One Buddha, and besides Him there is none, for all the other Buddhas and Buddhisattvas and gods, in whom men trust, are but temporary and partial manifestations of the Great Father...”といった説明がなされている。阿弥陀を「一仏」、つまり阿弥陀以外の仏、菩薩も存在するなかで阿弥陀「一仏」のみ、といった物謂いは、汎仏教的ではなくきわめて浄土真宗に特化した阿弥陀仏の位置づけといえる。その意味で、ロイドの解釈する仏教は、浄土真宗にシフトしていたというところから柏木〈好み〉のものであったといえるかもしれない。

また柏木は「此篇故ロイド博士の著に負ふ所多し」とはいうものの、具体的に右に記された彼の見解のたとえばどの部分がそうであるかは不詳である。おそらく *Shinran and His Work* のうち“I. Introduction”および“VI. Objects of Worship”の諸説からの具体的影響が推測される。

しかし、ロイドについては、看過できない問題もある。それは比較宗教とはいうものの、方法論としてはややあやふやなところがあった点である。たとえば、*Shinran and His Work: The Wheat among the Tares: Studies of Buddhism in Japan* の第二章でつぎのように述べている。カトリック教会でいう「信仰の普遍性」（Univesals of Faith）について、それはキリスト教以外の宗教のなかにも、完全なものではないけれども見出すことができる、という。そしてそれは具体的には仏教の浄土経典にいう阿弥陀仏、法華経にいう永遠（いわゆる久遠実成）の釈迦の観念や三種の仏身論（報・応・法）などである、という。また文脈が明瞭ではないのだが、儒教とキリスト教の教説の異同に関して、儒教（朱子学？）の道、理、気の三が三にして一であるという思想がキリスト教の三位一体説に似た対応関係にある（similar correspondence）などとも述べる。こうした理解はいわゆるエキュメニカルな視点に依るものではなく、じつはかなり安易な表面的「比較」によるものであって、信頼に足るものではないと思われる。しかし、それはともかくとして、少なくともこのようにロイドはキリスト教と仏教（柏木の文脈でいえば浄土仏教）との類似を強調していて、柏木はそれを肯定的に用いているのである。

(11)　大谷光瑩のもっと具体的な行跡が『月報』第一三四号（一九〇九年〈明治四二〉）の巻頭論文「基督教は如何にして社会を改良するか」のなかで紹介されている。柏木はこの東本願寺のスキャンダルあるいはゴシップめいたできごとに多大な関心をもったらしく、これ以外にもこの趣旨の文章が散見する。なお、右の論文には真宗に反倫理的傾向が強いという趣旨で蓮如（一四一五〜一四九九）の「多妻主義」の行跡も併せて紹介されている。また、大谷派の教義改革に大きい寄与をしたとされ「本願寺のルーテル」とさえ称されていた清沢満之（一八六三〜一九〇三）も光瑩師の行跡に対して批判的でなかったゆえに厳しく批判されている（第一〇三号、第一三四号など）。

なお明治から大正にかけての頃、活動したジャーナリスト、宮武外骨（一八六七〜一九五五）は大阪で、ゴシップ記事などをもっぱら手がける『滑稽新聞』を創刊したがそのなかで大谷は恰好の餌食にされている。たとえば第四号（一九〇一年〈明治三四〉四月一五日発行）のなかで特別に「宗教新聞」という大きな欄を設け、そこで「宗教と実業との衝突」と題して大谷光瑩「法主の親諭」が東本願寺で行われたことに言及している。大谷が「現世に於て最も愛すべきものは黄金と美女なり是れ法主も大いに好むところ……」といった法話をしたとか、「年中蓄妾」、「本願寺坊主に至つては地方巡回中美人と見れば手当たり次第に姦淫し或は連れ帰りて獣欲を恣に」したとか、といったゴシップを繰り返し掲載している。そして、こういった記事が「社会ノ風俗ヲ壊乱スヘキ事項ヲ掲載シ」たものとして新聞紙条例違反で罰金五〇円に処せられた由も自ら面白がった風に報じている（同年六月廿五日発行）。宮武は自ら大阪で刊行している同紙を「贅六文学」と自虐的に名乗っていた。さきの「宗教と実業との衝突」の見出しは、少し前に盛行した井上哲次郎と柏木らの間で交わされた「教育と宗教の衝突」論争にひきつけたものと思われ、宮武が下品なゴシップだけに関心をもっていたのではないことも示唆され、当該新聞の評価にかかわる問題としてこの点も興味深い。『滑稽新聞』は赤瀬川原平・吉野孝雄編『宮武外骨・滑稽新聞 第壱冊』（筑摩書房、一九八五年）に依った。

(12)　『月報』第一五三号（一九一一年〈明治四四〉）の「廓清会起る」。

(13)　これに関しては微妙な点もある。『月報』第一一五号（一九〇八年〈明治四一〉）の「信賞必罰」のなかで、政治思想としての「信賞必罰」の「道義」的思想を「他力本願の仏教」「蓮如や親鸞の教義」では説かなかったという。もし真宗の門徒のあいだにそうした「正を踏んで恐れざるの気慨」があったとすればそれは「儒教や武士道の感化」であったという。ここでは「蓮如や親鸞の教義」について否定的に紹介してはいるが、これはあくまでも門徒の「道義」「正を踏んで恐れざるの気慨」という側面のことであり、蓮如、親鸞の信仰そのものについてではなかった。

(14)　群馬県の「教育会」については、清水禎文「明治期の群馬県における教育会の歴史的展開」（『東北大学大学院教育学研究科研究年報』第五四集第一号、二〇〇五年）に詳しい。これによれば、地方教育会は明治十年代に各地で組織され、教育行政関係者、師範学校教員、小学校教員、有志などで構成された。そしてこの会は行政による教育施策と地方の実情とを調整することを目的としていた。群馬県においては、はじめ県レベルで一八八六年（明治一九）に私立上野教育会が設立された。しかし徐々に、当初の機能が変容され、国の教育行政を地方においても確実に実施するための緩衝弁としての性格を強めていったという。柏木が危惧し、批判した郡教育会の姿勢はまさに国家自体のそれであったわけである。

(15)　たとえば武田清子「臣民教育とキリスト教的人間観」（『人間観の相克――近代日本の思想とキリスト教』

弘文堂、一九五九年所収）などで概観される。
(16)　亀谷『仏教からキリストへ――あふるる恩寵の記』によれば、「蓮如上人が越中へ下向の節、立山下にその子蓮誓をして建立せしめたのが、転々して富山新庄町に移され」、凌雲で一八代となる、という。
　なお一九二四年（大正一三）発行の『真宗大谷派寺院録』によると、正願寺の寺格は「内陣」である。当時の大谷派の寺格の序列では、本山を最高として、そのあとの一四番目となっており、特別の寺格とはいえない。下間一頼氏のご教示では、寺格は寺院どうしでは多少は意識されるだろうが、門徒にとってはそれほど実感をもって自覚されないだろう、ということである。記して謝する。
(17)　親鸞は自身の宗教的系譜を「七高僧」として確認する。それは、天竺（インド）の竜樹、天親（世親）、震旦（中国）の曇鸞、善導、道綽、本朝日本の源信、源空（法然）である。これに聖徳太子を加え、「太子七高僧」とも言って日本の仏教、ひいては自身の仏教の系譜を権威づけ、正当化している。
(18)　なお浄土真宗教学では、阿弥陀如来の仏身は「方便法身」として説明されている。
(19)　以下は亀谷凌雲『恩寵無限』（聖灯社、一九五七年）による。この書は亀谷の『十字架』のなかの「短文」を「抜粋」して集成したものである。
(20)　『恩寵無限』に掲載されている「短文」のそれぞれの執筆時期が明確ではないので評価しづらいのだが、たとえば「世が個人の救に偏し居る時、融和協同の切望を提唱せよ。世は国家主義に挙げて進み居る時、世界一家の大理想を高く挙げ、蔽われんとする真理を常にあきらかにするために努力せよ」といった文章に接するとき、亀谷の姿勢は少なくとも柏木のそれとはまったく異なっていたことが明白である。
　なお、亀谷のキリスト教学理解に関しては、彼が受洗したのがメソジスト派の教会、そしてのちに日本基督教会の牧師からの影響などもあり、彼の神学的理解における教派的な特徴は特定できない。しかしメソジスト的な傾向はたしかにある、と思われる。
(21)　『法城を護る人々』の上巻は一九二三年、中巻は一九二五年、下巻は一九二六年に刊行されている。真継伸彦は小説中のいくつかの実例を挙げたうえで、この小説を書いた松岡が「親鸞思想の正しい受容に努めたとは思われなかった」（真継「真宗教団論――『法城を護る人々』の提起するもの」、『法城を護る人々』中、法蔵館、一九八二年所収）と批判する。筆者もそれには同感であるが、ただしその問題はこの際、重要なことではない。真宗教団や寺院の実態を否定的に見た小説が寺院出身者によって出版されてベストセラーになった、そしてそのことについて柏木も言及しているということを知ることで充分である。

なお、些細なことではあるが、前波が手紙のなかで松岡の『法城を護る人々』に言及していることについて、同書は一九二三年六月に上梓されたもので、一九一二年七月の手紙にそのことについて言及することはあり得ない。ただ同様の内容の短編小説が一九一七年（大正六）一一月に『文章世界』に掲載されているので、『柏木義円書簡集』R六九の一九一三年という係年は改められるべきであろう。前波が言及したものがもし短編のことであったとすれば、一九一七年以後（おそらく一九二三年までのあいだ）、単行本のことであるとすれば一九二三年以後、となるはずである。

(22)『支那の浄土宗の開祖善導大師に与へし景教（基督教）の感化』は求道舎出版部から一九二八年に刊行されている。なお、道旗には他に『阿弥陀仏と基督』（警醒社書店、一九二四年）、『祖先祭祀と基督教』（求道舎出版部、一九二九年）などの著作がある。道旗は、柏木と同じ組合教会に属し、新潟県五泉教会を牧した。柏木としては出自とともに、同教派、同郷ということで道旗にはかなりの好意を抱いたのかもしれない。

(23) 高楠順次郎（一八六六〜一九四五）は東京帝国大学教授を務めた仏教学者。渡辺海旭らとともに漢訳仏典の集成として『大正新脩大蔵経』を編纂、刊行した。

(24) ただ「祈禱と云ふことは一切ない」に続いて高楠は「我々が仏位に登るのは純他力の信の一念で平生成就して居るから祈禱する必要はない」と述べ、そしてこの直後に「(此は個人格を滅没する仏教固有の思想だ)」という柏木自身のコメントが付されている。しかし、これは高楠のコメントについてのものなのか、仏教自体についてのものなのかは文脈上、論理上明確ではない。

(25) Paul Carus（一八五二〜一九一九）はアメリカの哲学者、仏教学者。著作は多数あるが、仏教関係のものに *The Buddha: A Drama in Three Acts and Four Interludes*, Court Pub. Co., 1911 などがある。

II

柏木義円の思想世界

第1章　柏木義円『希伯来書略解』について

はじめに

群馬県西部に位置する安中の安中教会に四十年にわたって牧師として勤めた柏木義円は、牧師に就任した翌年の一八九八年（明治三一）から上毛地区の組合教会間の伝道誌として『上毛教界月報』を創刊し、毎号の巻頭論文などを書き続けた。明治期の日露戦争非戦論、大正期における組合教会の朝鮮伝道批判など鋭敏な論旨を貫いた文章はこの紙上で展開されたことは、すでに周知に属する。しかし、この他に柏木が数冊の書を著していたことはあまり知られていない。彼自身の日記によれば、晩年期に旧師新島襄の伝記を執筆することになっていたものの、果たせずに終わった。そして、『月報』紙上の論文以外にも五冊の著書が残されているのである。それは『霊魂不滅論』（一九〇八年）、『運命と信仰』（一九〇九年）、『基督教の神観と人観』（一九一六年）、『天地創造と神子受肉　附録贖罪論』（一九一六年）に『希伯来《ヘブライ》書略解』(1)（一九二〇年）である。刊行元はいずれも警醒社書店である。『希伯来書略解』以外の四冊はそれぞれ、基督教叢書、伝道叢書、大正伝道叢書、大正信仰叢書の一環であるが、『希伯来書略解』はいずれの叢書にも含まれていないので、いわゆる単行書であったと思われる。すなわち柏木は自らの意思で「希伯来書」（現行の新共同訳聖書では「ヘブライ人への手紙」）に注釈を付したのである。

本章はこの『希伯来書略解』をめぐるいくつかの問題を通して柏木義円の思想について考えてみようとするものである。

一　「希伯来書」

「ヘブライ人への手紙」は新約聖書のおわりのあたりに収載されている、書簡形式で綴られる十三章から成る文書である。書簡形式というのは、本来この文書は手紙ではないが、いつしか集結部分に、しばしば手紙の最後に書かれる挨拶文が付されたことで、一応書簡としてのかたちを示している、という意味である。古くはパウロの手によるものとしての体裁が整えられようとしたらしいが、じつはそうではないことはもはや常識の域に入っている。

田川建三『書物としての新約聖書』（勁草書房、一九九七年）によって端的にいえば、「或る知識人キリスト教徒――おそらくギリシャ語を母語とするユダヤ人――によって七〇年ないし九〇年の間に流暢なギリシャ語で書かれた優れた著作」である。(2) 柏木も『希伯来書略解』冒頭において、（とくに根拠を示さずに）「希伯来書」（以下、この文書に言及するときは「ヘブライ人への手紙」と表記する）の制作年代を六〇年〜九〇年と記しているが、それほど田川氏の判断とずれてはいない。柏木が多くの文書が含まれる聖書のなかであえてこの「ヘブライ人への手紙」を選んで注釈を書いたのは、やはりその内容が優れていたためであろうか。

柏木がなんらかの意図をもってこの書を高く評価し、また田川氏もその文章や思想を高く評価した「ヘブライ人への手紙」とはいかなる思想、信仰を伝えていたのだろうか。柏木によれば、『希伯来書略解』冒頭におかれた「総論」のなかの「第四 本書教旨の梗概」では、同書の主題は「来らんとする世界」であり、これは「現世界と精巧に対比されつつある」という。なお「来らんとする」とはいえ、この世界は「其実既に永遠より存在して居る」。ここで柏木はこの両者を対比する。すなわち、「現世界」は「地上のもの、物質的」「一時的、可滅的」「卑」、そして「写し」であるのに対し、「来らんとする世界」は「天上のもの、霊的」「永遠的、恒久的」「高」、そして「標本」であるという（七頁〜）。そして「本書議論の全体」は「物質と心霊、一時的の物と永遠的のものとを対照するに在りと云ふも、強ち過言」（一一頁）ではない、と。つまり、「ヘブライ人への手紙」の中心的テーマは、物質と心霊とを対比すること、換言すれば、この古典的な二元対立論であるということである。もちろん現段階での聖書学の達成からみたとき、この柏木説がどのように評価されるかは措いて、ともかくも物質と心霊の（二元論の）二大要素の対照、葛藤が「ヘブライ人への手紙」の思想を作り出している、と柏木には理解されたといえよう。

二　二つの要素

さて、柏木は現在の地上の世界は物質的、可滅的であるだけでなく、「写し」であり、来らんとする理想の世界は「標本」であるという。

それでは「写し」と「標本」とはどのように違うのか。「写し」とは「天」を写したもの、「標本」とは「天」の標本、というほどの意味である。「写し」とは、原型をそっくりに写し取って再現したもので、けっして本物ではない。また「標本」とは、「推測統計のため集団から抜き出した個々の要素」あるいは「見本、ひな型、転じて、代表的なもの」(『日本国語大辞典』)の意である。たとえば「昆虫の標本」といえば、ある種類の昆虫の集合から観察に資するために一個体を選び出したもののことで、それをけっして「昆虫の写し」とは言わないようなものである。すなわち、現にわたしたちが今生きているこの世界は、柏木としては「天」を「写し」たものではあるが、「天」そのものではない、その意味で「写し」ではあるが、ほんものの「天」ではないゆえに「標本」ではない、というのである。「標本」はまだこの世界にはない。わたしたちは「主の建て玉ふた」ほんものの「天」の「標本」を待ち望み、そこから「流れ出で彼れを救ふ」「力」を求めるのだ、と柏木はいう(七頁)。

この「写し」と「標本」の類比はわかり易いものではないが、じつは柏木の「標本」観には確た

る典拠がある。が、それは後述に譲る。「写し」と「標本」とについて曰く、

我が現世界は単に其の〔永遠の世界、の意〕「写し」であつて、天と地とは終に失せ去る可きもの……モーゼはシナイ山に於て示現されたる標本に照らして、万事を作製す可く命ぜられた。此の標本こそ真の原創的の幕屋であつて、主の建て玉ふたもので人の建てたのではない。〔八頁〕

である。

「写し」「標本」に関して、柏木は「かた」という概念を次に持ち出す。たとえば「其質の真像なる独子基督」〔二二頁〕などというものである。このうち、「其質の真像」が聖書の本文〔一章三節〕。「真像」に付されたルビが「かた」である。彼の文脈からいえば、「かた」は当然「標本」ということになろう。ちなみに現行の新共同訳聖書の本文では「其質の真像」に相当する箇所に「本質の完全な現われ」を充てる。「写し」と「標本」もさきに指摘した二元論、そして単純な反映論の所産でもある。「写し」にしろ「標本」にしろ、要するに模範、手本となる〈ほんもの〉が存在していることが前提である。〈ほんもの〉である「天」のもと、「主が建て玉ふた」「標本」としての現世界がある。現世界とはじつは、単に姿や形だけを「写し」とったものなのであるが、「天」の「標本」から「流れ出で彼れを救ふ」力こそ「写し」を「標本」としての内実を備えたものにする原動力である。「天」の「標本」から流出した救済の力の根源こそが「真像」〔神の「かた」〕自体である。

また「印と、其捺せし印象と同一なるが如く、基督は天父の本質其儘の印象」(一一一頁)など、とも言っている。神とキリストとの関係は、印鑑とそれを捺印した印象との関係に同じなのである。右のつながりから言えば、「天」「印鑑」―「標本」「印象」のように対応している。「印象」は「印鑑」の姿を残しているのである、それと同時に「基督」は「天父の本質」が「其儘」「印象」として現われているのと同様に現われている。「印鑑」を捺印すると印象が現われる、その「印象」こそ神の「かた」なのである。すなわち、人は捺印という形式を踏まなければ神を認識することができない。なぜならば、「或は天とか、大極とか、真如とか、絶対とか、無とか、漠然たる玄妙なる理を構ふるも」けっしてそれによっては「神の心情に触る〻ことは出来ない」「縦し神が明に示されても人は之に得堪へん筈」、だから基督が「只上より来て神を具体的に其の人格に実現し、且つ同時に我儕の罪の贖ひを為し玉ふ」(一二四頁)……神がそのまま現われてもわれわれ人間はその認識に堪えられない、ゆえに神の恩恵により、神の人格を具体的に実現している基督を来らせた、そしてその基督こそ我らの罪を贖ってくださる。

このように見てくると、日本の過去の思想についていささかでも学んだ人にとっては「デジャ・ヴュ」のような感覚に襲われるかもしれない。それはいわゆる「和光同塵」の思想である。この語自体は中国の古典『老子』に由っているが、古代・中世以来の神仏習合という宗教的秩序を説明するものである。曰く、仏の教えは難解かつ高邁で凡人にはなかなか理解・受容できない、そこで仏は慈悲を発揮して日本の地において親しみやすい神祇となって姿を現わしてくださった、と。高尚な「光」を和らげて「塵」（のような劣悪な日本の国土・人民）に同じくなってくださった、というものである。

そこで柏木にかえって、その意図を忖度すると、つぎのようになろう。すなわち、「天・大極・真如・絶対・無」といった「玄妙なる理」によっては「神の心情」に触れることはできないから、わかり易い「基督」が来たって神の人格がそのまま現わされたのだ、と。しかし客観的には、「ヘブライ人への手紙」からはこのような「キリスト論」を読み取ることは困難であろう。まさに柏木義円独自のキリスト論である。また、「和光同塵」の思想は浄土真宗の思想的伝統のなかでは公式的に否定されてきており、柏木自身も『月報』などに載せた論のなかでは、およそ千年以上にも亘って幕末まで持続した神仏習合という仏教などのありかたについてはしばしば否定的ないし批判的な評価を下しているから、柏木がこれにとらわれている点は浄土真宗の思想的な閾値には属さず、長く歴史的に持続した一般的な思潮に依っていると考えざるを得ないだろう。

柏木は自覚的に仏教徒からキリスト者になった。しかし、柏木にしてそのキリスト教への「回心」（conversion）の論理の裏側においてさえも、日本史上において千年以上も貫通した神仏習合の時間が真の意味で超越されることはきわめて困難であったということを示していよう。キリスト者柏木の思想的背景のなかにもこうした前史としての一面があったことを見逃してはならない。

さて、そこで改めて「真像」（かた）と「写し」「標本」とは具体的にどのように違うのか、という疑問が再燃することになる。柏木には「神の肖像たる人間」（三六頁）という言い方もあった。

「肖像」とは似姿である。じつはこの肖像は陽明学のある概念に似ていた。

人の本心は即ち神の肖像所謂天之命じたる性、陽明の良知良能乃亦是也(3)

右の「天の命じたる性」は中国の古典『中庸』の著名な一節「天命之謂性。率性之謂道……」に依っており、その注として王陽明の「良知良能」を説明として付したものである。柏木はこのことばに先だって旧約聖書創世記一章二六、二七節の「神曰我儕宜造人肖我儕之像。使治海魚飛鳥性畜。亦治嗚乎地。及匍地昆蟲。神乃依己像造人。造之肖神之像」（返り点は省略）を書きぬき、右の引用につなげている。これが引用された創世記のもとのテキストの版を今特定することはできないが(4)、いずれにせよ、明治期の早い頃、日本語に翻訳された聖書によることは間違いない。その本文に、神は自身に「肖」せた「肖像」として造った、と記している。なおちなみに、現行の新共同訳聖書ではこの箇所を「かたどる」と翻訳している。柏木が「かた」と訓んだ「真像」がこの「かたどる」の名詞形と考えるならば、現行の翻訳は、おそらくは柏木とは無関係ながらもその考えかたを踏襲していることになる。ただ興味深いのは、「真像」という語彙が陽明にも、また柏木が引用した創世記の本文の語彙にもない、つまり彼自身の創作、あるいは工夫であったことである。また、このように考えてくると、「似姿」である「肖像」は「標本」以外のものではあり得なかった。

また、「真像」の語は「人や物の実際のすがた」（『日本国語大辞典』）を意味する一般的な名詞であるのだが、また同時に浄土真宗独自のニュアンスを纏っていたことも事実である。
親鸞自身の手による著作のなかに後に「尊号真像銘文」と名づけられた文章が残されている。尊号とは「南無阿弥陀仏」の名号、そして真像とは阿弥陀仏の（絵）像のことで、親鸞がそれらに付した銘をさす。経典などの要文を簡潔に説明した文章で、たとえばつぎのようなものがその一例である。

「其仏本願力」といふは、弥陀の本願力とまふすなり。「聞名欲往生」といふは聞といふは如来のちかひの御なを信ずとまふすなり(5)

「其仏……」「聞名……」はともに無量寿経の一句である。「銘文」はこうした短い文章を名号なり絵像なりの上部などに銘として書き付けたものである。つまり「真像」のきわめて浄土真宗的なニュアンスとして、「阿弥陀仏像」の意があったのである。とすれば、柏木が「ヘブライ人への手紙」一章三節に関して述べる際に右の「真像」という語を選択したことにおいて、親鸞のこのような文章の存在を忽緒していたとは考えにくい。すなわち、間違いなく柏木義円には親鸞の痕跡が残っていたのである。そして柏木の「ヘブライ人への手紙」注解において（そのことを自ら想起したか否かは確認しようもなく、またおそらくは無意識のうちにではあろうが）、親鸞の影が現われていたことを確認することができる。

ここであらためて、『希伯来書略解』冒頭の「総論」中のことばを振り返っておきたい。それはすなわち、

基督教徒は地に在て天に錨を下し、希望の綱を此に繋ぐことを得るのである。彼等は父の郷を求むる旅人であり、巡礼である。万物は未だ人間に属する物ではない。召されたる者は永遠の嗣業の約束を受けた者ではあるが、尚ほ其履行を待て居る者である。併し又他方には彼等は既に天の都城に入った者である。基督教徒は実に此の二重の位地に立ち、二重の生活を導く者である。現実に於ては彼等は尚ほ卑く世界に生くる者なれども、理想に於ては既に之を超越し、理想と現実と一致するの時を信じて居るのである。(一九頁)

である。蓋しこのなかの文章はいずれもきわめて重要である。冒頭の「地に在て天に錨を……」は読者の意表を突いて「天」と「地」との関係を強調するための逆説的表現であろうが、基督教徒は自らの生きる地上の希望の綱を天上につなぐことをもって天とつながっている、というのである。その次の文章は「ヘブライ人への手紙」自体の一一章一三節の、よく知られた「此等ハ皆信仰を懐

三　「巡礼」

きて死り未だ約束の者を受けざりしが遙かに之を望て喜び地に在てハ自ら賓旅なり寄寓者なりと言り[6]」を踏まえていることは確かであろう。柏木は右では「寄寓者」とされている語を「巡礼」と言い換えた。「天」とのつながりを求めるという文脈を生かすには、「巡礼」がはるかによい。また「巡礼」は翻訳語としての評価とは別に、はるかに日本語としての歴史的ニュアンスをよく伝えている。

そこで、柏木は「ヘブライ人への手紙」一一章一三節以下の当該箇所から少しはみ出す解釈を伝えている。それは「併し」以下である。地に在て天につながろうとする旅人は、今地に在ると同時に、すでに「天の都城」に入っているのだ、というのである。まさに「二重の位地」に立ち、「二重の生活」に生きる者、「理想に於ては既に之を超越し」「理想と現実と一致するの時を信じて望んで居る」人々なのである。しかし、この二重性、あるいは二元論はけっして現実逃避的、全面的現実肯定的な意味での謂いではない。厳然と地の上に在って、しかも天とつながっているというキリスト者独特の「二重」の弁証法的なありようを指している。そしてそうした「望んでいる事柄を確信」しているということであり、まさに「信仰」それ自体である[7]。

すなわち、柏木は「ヘブライ人への手紙」を注解するにあたって、その冒頭に同書一一章一節に示されている「信仰」の〈定義〉を置いたのである。そうであるとすると、「ヘブライ人への手紙」自体、そしてその注解である『希伯来書略解』も柏木によれば、当然「信仰」こそがその主題である、ということになる。ことばを代えて言えば、柏木が考える「信仰」は「ヘブライ人への手紙」の指し示す信仰であったということでもある。この点に関して言えば、たとえば常套的なキリスト教の信仰論として位置づけされているパウロの「ローマの信徒への手紙」に示される、いわゆる信仰義認論とはかなり様相を異にするということがいえるかもしれない。じっさい、そのことは明言されてもいた。

保羅が専ら唱へる所の基督に親しく個人的に信頼し、之に由て彼と同一となり、遂に義とせらる、信仰とは、自ら其義が異なる（一二二頁）

そして柏木はこのようにパウロのいわゆる信仰義認論と自らの信仰理解とを明確に、違うと断定するのみで合理化しようとはしていない。もちろん柏木はパウロの信仰義認論といわれる信仰論を否定しようと試みるのではない。信仰義認論とは別個の言い方、別の思想的根拠をもつものとして認めようとしているのである。パウロの信仰義認論はいうまでもなく、「正しい者はいない。一人もいない」（「ローマ人への手紙」三章一〇節）、「イエス・キリストを信じることにより、信じる者すべてに与えられる神の義」（同三章二二節）、「人が義とされるのは律法の行いによるのではなく、信仰による」（同三章二八節）などによる。かくしてここにいう「義」とは、神に依り頼むことにより生じ、人に与えられる義、という意味であることがわかる。さらに、パウロは、柏木のいうように「之〔基督をさす〕に由て彼と同一となり」とはけっしていっていないので、この両者の信仰論は互いに独立していることも明らかである。

冒頭の「本書の主題」において、それは「現世界と精巧に対比されつつある」「来らんとする世界」であるという。しかもいま「来らんとする」とはいえ「其実既に永遠より存在して居る」世界である、と。意図を汲み取るならば、右に指摘した「ヘブライ人への手紙」一一章一節「信仰とは、望んでいる事柄を確信し、見えない事実を確認すること」に当てはめるとき、「来らんとする」世界は「望んでいる事柄」であり、「其実既に永遠より存在して居る」世界こそ「見えない事実」に他ならない。過去と現在、そして未来とがひとつにつながって、あるべき「世界」を待ち望んでいる、という独特のありようを見てとれる。これは文字通り、さきの「総論」の「基督教徒は……」の一節は「ヘブライ人への手紙」一一章一節の「信仰」の〈定義〉を敷衍したものであった。したがって、『希伯来書略解』の主題も同書一一章一節によってそのまま規定されるものでもあるといえる。

「永遠の嗣業の約束」を受けつつ、「其履行を待」ちつつ「巡礼」は「現世界」から「来らんとする世界」へ、過去から現在、そして未来へと「父の郷を求」めて往くのである。物質的、可滅的世界である「現世界」と霊的、恒久的世界である「来らんする世界」とを掲出して並べつつ、両者を連続させる二元論的思惟はそれとともに、超時間的でもあった。このふたつの世界のなかを「巡礼」の旅をする、というまことにウィットに富んだイメージは歴史自体をもその対象にする。すなわち、柏木によれば、〈未来のものを現在の経験として味わう〉ものであり、現在と未来とをつなぐ、その時間軸を相対化する視点がここにある。

「ヘブライ人への手紙」一一章の意図について柏木は「本章は上ば族長時代より下殉教者に至るイスラエルの史記より、実例を取り来て信仰の功績を明にする」（一一〇頁）ことだ、という。曰く「信仰に由て見へざるものが実在となり、未来のものが現在となるのである。希望は未来のものを未来として待望する力なれども、信仰は現在の経験として味ふのである」（一一一頁）、と。一一章全体としては、古くはユダヤの族長時代からイエス直後の殉教者の出た時代に至るまでの長いあいだのイスラエルにおける信仰の実例によってその「功績」をあきらかにするという趣旨だ、というのであるが、そこには一一章一節にいう「見へざるもの」と「目に見ゆる物」とが対比され、かつまた未来と現在とが連続させられていることを知る。聖書の本文ではとくに過去、現在、未来という「時制」ではなく、むしろ信仰の意外性のダイナミックさこそが問題になっていると思われるが、柏木においては、このように「時制」、つまり時の前後の問題として論じられていた。

四　生活と信仰

柏木は冒頭の「総論」中「本書の議論の全体」において、本書、つまり「ヘブライ人への手紙」の提起する議論は「一時的のものと永遠的のものとを対照する」にあり、と述べて、いわゆる霊肉を対照的に論じるところにある、と述べている。ここにいう「一時的のもの」「永遠的のもの」とは、換言すれば「物質と心霊」であった（一一頁）。そして「対照する」とはこのふたつのものを対立するものとして論じるというのではなかった。すなわち「生活問題は殆ど人間の万事」「人は生活問題につながれて神も真理も道も其犠牲と為すを甘んずる」（四〇頁）というから〈生活・信仰〉の二元的思考ないし二元論的にしか生きられない生活のありかたを明確に否定している。「死を恐れて生涯之につながれて」いる人間のありよう、を恐れて「生活問題」に没入してそこから脱出できない人間存在が批判されているのである。

死と「生活問題」とは連続するもので、「真理」とは対照的な位置にある。イエスの復活によって死は克服され、「生活問題」も相対化されている（はずだ）。「基督は深く大いなる苦しみを味ふた」[8]（三八頁）ことで、死や「生活問題」を相対化し、それらと対立して捉えられる「真理」の問題のありかたを取り戻そうとする。「真理」は死や「生活問題」に翻弄されるのではなく、そのままで徹底的に人間存在の前に屹立する。そこにおいて右の二元論は克服される。

この「生活問題」は「ヘブライ人への手紙」二章において、救いというもの、そして救いとはイエスがすべての人々のために死んだことによって起こされた、ということが論じられた箇所への注解として執筆されている。すなわち、真の救いとはイエスの死を通してのみ与えられることが述べられているのである。

それでは、抽象的、観念的な「救い」についての議論ではなく、柏木義円、安中教会において、救いとは何か、「生活問題」とは何であったか。

柏木の牧した安中教会においては養蚕の作業日程の進捗の度合いによっては日曜礼拝の出席者数

が大きく減ることがあった。(9) 養蚕に携わる教会員は春蚕、秋蚕を育てる時期には文字通り、盆も正月もなく、日夜蚕の世話に明け暮れた。当然のこととして、日曜礼拝にも欠席者が多かった。しかし、表面的なそのようなことを柏木は責めることをしなかったし、教会員もその日常的な多忙にかまけて信仰から離れることもなかった。この現場では「生活問題」は絶対化されてはいなかったのである。都市教会につながっていた人々の多くは給料生活者もしくは自営業者であったと思われる。そのような人々の「生活問題」とは毎日のルーティンワークの繰り返しとそれにともなう小トラブルである。しかし、安中のような農村の人々にとっての「生活問題」とは毎日毎日違ったことが惹起したことがらに類した。養蚕などの農作業では翌日は今日の進み具合によってはまったく想像できないことがある。蚕の桑の食い付き次第で翌日の作業のありかたはまったく異なることになり、前日には予想もつかないこともあっただろう。そのような明日をも知らぬ今日の生活こそ「生活問題」の実質であった。そのように、農村の人々の生活のありようは、「死」に象徴される人生の一大事、すなわち信仰と本質的に密接につながっていた。右の事実は、この二元論が本質的に否定された農村の彼らの生活こそ、真に信仰的なものである、と柏木が捉えていたことを証明するだろう。そのように、生活と信仰とがひとつのものとなっていた、その生活・信仰の真ん中に「祭司の長」たる基督の存在がある、と考えることが「ヘブライ人への手紙」の特徴であった。柏木曰く、「人は生活問題につながれて神も真理も道も其犠牲と為すを甘んずる」、しかし「基督は肉に死して真の永遠不滅の生命尚ほ依然存在するを示し、霊の生活の光栄を現はし玉ふたので、死を以て恐喝する悪魔の権威は全く破滅して仕舞ったのである」（四一頁）。

次いで「生活と信仰」に関して「ヘブライ人への手紙」三章から六章へと移る。ここではキリスト者として送るべき生活のありかたについて述べられている。倫理を重んずる教派としての意識を柏木がつよくもっている自らの組合教会（の所属者）としてもっとも意を得る課題といえる。

「ヘブライ人への手紙」第六章一節は、現行の新共同訳聖書によると「だからわたしたちは、死んだ行いの悔い改め、神への信仰、種々の洗礼についての教え、手を置く儀式、死者の復活、永遠の審判などの基本的な教えを学び直すようなことはせず、キリストの教えの初歩を離れて、成熟を目指して進みましょう」である。これについて柏木は、右の傍線部について「クリスチアン生活の第一歩」「活ける神を信ずる基督教的信仰」（六五頁）として位置づけている。そこで、そうした模範的生活を送らずに「堕落」した場合、どうなるか。柏木は「堕落」とは「基督を棄つること」、そしてそれに与する罪悪と定義し、「ユダヤ人はイエスを偽預言者とし之を棄てゝ十字架に釘けたが、今基督教より堕落する者はイエスを棄てたるユダヤ人と其行動を同ふし、イエスを十字架に釘けし罪悪に与する者である」（六七頁）という。けっしてイエスを棄てないで、かつキリスト教から脱落しないことが「クリスチアン生活の第一歩」の生活に根ざした信仰、ということになる。右に述べたように、柏木の属した組合教会は本来、倫理を重んずる教派としての自意識を強くもっていたから、その倫理の第一歩こそイエスを棄てないことにあったと理解することができる。

「生活と信仰」といっても、その「生活問題」はたとえば養蚕をめぐる日常生活の細々とした詳細を指す、ということだけではなく、「イエスを棄てない」というきわめて本質的な宗教倫理そのものをその内実としていたのである。聖書の本文の言う「成熟」とはそうしたことを意味していたと思われる。

たとえば、安中教会につらなった多くの養蚕などの農家の人々にとってみれば有田屋の湯浅氏など地域の有力者が名を連ねる教会に属するとはいえ、安中のような農村共同体の村落において、「イエスを棄てない」ことが具体的にいかなることであったのか、は想像するに余りある。数代前までは檀家であった、もとの檀那寺もあろう、また近隣地域内の寺院・神社やその祭礼などとは一線を画す、日曜日には礼拝を守る、といったキリスト者一般にとってはなにごとでもないことが、できるだけ近隣の社会とのあいだに軋轢を生じないように、との篤い配慮をしても、農村では自らの信仰を自覚してそれを守り通すことはそれなりのおおごとであったからである。

すなわち、都市ならぬ安中では「イエスを棄てない」ということが単なる宗教的、観念的な誡めや教えに止まらず、歴史、社会の重みをもっていたのである。もちろん『希伯来書略解』には、この書物の性質としてそうした経緯はまったく語られてはいない。「イエスを棄てない」ことをめぐる具体的なことがらを背景とする緊張感は『月報』誌の毎号を熟読すればいつも目前に迫ってくる。柏木義円のことばはけっして観念的なものではなく、具体的、即物的な意味、場をもっていたのである。

五　「祭司」論

さて、「祭司の長」たる基督とは誰か。曰く、「神の家の嫡子・神人仲保の祭司・神の家宰・神の家族」（四二頁）である、と。細かく言えば、嫡子、家宰、家族はもちろん同じ意味ではなく、たとえば「家宰」とは「其家の嫡子として永く其家を主宰し玉ふ」ことで、家を経営する家の跡継ぎの意で、家人、家来の意ではない。柏木の意図としては、これらの語を、主人の絶大なる信頼のもとに主人に代わって家を経営している者の意で同じように解していたと思われる。

さらに「基督」とは「人に対しては神を代表し、神に対しては人を代表する神人仲保の祭司者」（四三頁）であるという。「ヘブライ人への手紙」の独自のメッセージのひとつである、キリストを神と人との仲をとりもつ「仲保者」とする考えかたがここで紹介される。

「祭司」の長、仲保者として位置づけられている「ヘブライ人への手紙」の「キリスト」について論じる際、七章冒頭の「メルキゼデク」について触れないわけにはいかない。

メルキゼデクは「ヘブライ人への手紙」六章二〇節において唐突に言及されている。その文脈では、信仰と忍耐とをもって神の約束が実現されるのを待つことに関して、アブラハムに対して神が約束したことを実現した、神は必ず約束を実現される、という趣旨の文章のあと、イエスがわたしたちの先駆者として聖所の垂れ幕のなかに入ってゆき、メルキゼデクのような大祭司になった、というものである。そもそもメルキゼデクについては旧約聖書「創世記」一四章一七節以下に説かれる。アブラム（のちのアブラハム）がエラムの王ケドルラオメルとその味方の王たちを打ち破って帰ってきたとき、ソドムの王はシャベの谷、すなわち王の谷まで出迎えた。そこに「いと高き神の祭司であったサレムの王メルキゼデクがパンと葡萄酒を持って来た。メルキゼデクはアブラムを祝福し、アブラムは彼に持ち物の一〇分の一を与えた。その後、主のことばが幻のなかでアブラムに臨んだ、とある。以下にはメルキゼデクについては触れられることがないので、「創世記」の当該箇所ではいかにも唐突に全体の文脈にも無関係にメルキゼデクについて言及されたわけである。

そして「創世記」の記述を承け、新約の「ヘブライ人への手紙」七章一節に至って、このメルキゼデクがいかに偉大な祭司であったかが力説されている。それは、族長のアブラムがこのメルキゼデクに対して最上の戦利品の一〇分の一を与えたからだ、父も母も系図もなく、レビ族出身でもなく血統が不明のメルキゼデクが偉大な祭司としてふさわしい待遇を受けたのだ、という趣旨である。本来あるべき祭司というものはレビ族出身者であるのに、そうではないメルキゼデクに対してあのアブラムが戦利品の一〇分の一を与えたというのである。

これはどうしたことか。「ヘブライ人への手紙」の趣旨はこうである。すなわち、レビ族出身者だけが祭司となり得るという古来の制度は万全ではなく、制度が変更されれば、律法も変更されることになる、レビ族ではなくユダ族の出であるわれらの祭司イエスは「肉の掟の律法によらず、朽ちることのない命の力によって立てられた」。イエスは「永遠に生きているので、変わることのない祭司職をもっている」のだ、かくしてイエスはかつてのいと高き神の祭司メルキゼデクと同様、あるいはそれ以上の「大祭司」となったのだ、と。

ここにメルキゼデクを通してみた「ヘブライ人への手紙」の著者の大祭司論が展開されているのである。「創世記」一四章に唐突にメルキゼデクの記事が出来し、また突然消えていたのである。これについて、ユダヤの祭司は常にその父母の系譜を詳細に語るのだが、メルキゼデクについてはまったく語られていない。それについて柏木はユダヤの祭司とは対照的に「始めなく終りなき永遠の神の子に象られたりとメルキゼデクを見たのであろう」（七六頁）と述べている。したがって突然現われ、突然消えるのだ、と。この柏木の解釈によれば、「ヘブライ人への手紙」は、メルキゼデクを永遠の神の子に「象《かたど》」って造ったという。すなわち、メルキゼデクは神の子（＝イエス）に「象」って形象された、イエスを指し示す存在である。そこで、以下柏木はイエスになぞらえてメルキゼデクの特徴を分析している。曰く、第一に「其恒久なること」、第二に「王であったこと」、そして「永遠の祭司として存在し給ふ基督の模型」（七七頁）である。したがって、メルキゼデクと同様にイエスも、「サレムの王、サレムには平和の義あり、基督は平和の君である」、「メルキゼデクは正義の王」「正義は基督の王国の旗幟」「メルキゼデクは系譜なく、相続者なく、恒久に祭司たるので、基督亦永遠の祭司長」（七四頁）……と説明が続く。

しかし、「祭司たるイエスは永遠に我儕と神との間に立て其仲保を為し給ふ」存在である。したがってイエスとメルキゼデクとのあいだには、ともに正義・平和の王という相似点もあるが、決定的な差異が存在することが明らかになる。それは、イエスが仲保者であるのに対して、メルキゼデクはそうではない、という点である。曰く「神の誓いに由て立てられたイエスは完全なる神の子であるから有力有効なる祭司長である」（八三頁）。もとの旧約聖書「創世記」の文脈ではストーリーの展開には直接の影響はなかったメルキゼデクであったが、それを承けた新約聖書「ヘブライ人への手紙」では独自の位置づけを与えられ、その注解である『希伯来書略解』においては柏木によってまた独自の意味が付与されたのである。

ついで、柏木は「希伯来人たる本書の読者はイエスを以て神の道を啓示し給ふ大預言者としては居るが、尚ユダヤ教の礼拝や儀式が無用に帰したことと悟らない所から、往々ユダヤ教に後戻りするの恐がある」（七八頁）と述べている。あるいは柏木はこの「後戻り」の関係を日本に当てはめ、ユダヤ教を仏教に比定しようとしているのではないか。キリストを知らされた日本の人々は、今後仏教（や儒教）に立ち返ることなく、キリストの教えに生きてゆくべきだ、という彼のつよいメッセージをここに聞くことができよう。

また、『希伯来書略解』のテーマのひとつである「大祭司論」は、いわゆる三位一体の考えかたとは素直には連続しない。キリストという人間の体をもつ人格が人間と神との間に立ち、人と神とのあいだをとりもって人を神につなげてやる、という仲保者の役割が強調されればされるほど、三位一体は翳む。神、キリスト、聖霊とは三にして一であると説くこととキリスト固有の属性を「仲保者」として強調することは素直にはつながりにくい。また、「大祭司論」もこれを強調すればばするほど、キリストたるイエスと神（と人間）とのあいだのギャップの存在をも強調することになるからである。

しかしそれにもかかわらず、なぜ柏木はこの「ヘブライ人への手紙」の「大祭司論」、仲保者論に拘泥するのであろうか。言い方を変えれば、そのような思想を内包した「ヘブライ人への手紙」に拘るのであろうか。おそらく、それは、ひたすら右に記した、日本、日本人をユダヤ人（ヘブライ人）に比定することにあるのではないか。そのように考えると、ユダヤにおけるユダヤ教は日本においては仏教、あるいは儒教に相当するのであろう。歴史的現実の問題としては仏教となろうか。すなわち柏木において、仏教のもつ意味がきわめて重要なものとなる、ということなのである。さて、この問題について詳細は後で述べることとして、「大祭司論」をもう少し敷衍しておきたい。

すでに言及されているように、ユダヤ教において祭司となることができたのは特定の氏族、すなわちレビ族の出身者に限られていた[10]。その祭司のうちの大祭司だけが神殿の至聖所のなかに入ることを許されていた。したがって祭司にも段階があって、そのなかの特別な者だけがとくに聖なる存在として位置づけられていたということになる。しかし「ヘブライ人への手紙」はそうした常套的なユダヤ教流の祭司論を真っ向から否定している。

レビ族の末裔ではなく、ユダの末裔に属するイエスは、ユダヤ教の秩序に従うならば祭司になることはできない。ましてや大祭司と称されることなどはありえない。この点は柏木のオリジナルな考えかたではなく、「ヘブライ人への手紙」自体の思想である。「ヘブライ人への手紙」第八章にいわく、「この祭司たち〔「律法に従って供え物を献げる祭司たち」（四節）のことをさす〕は、天にあるものの写しであり影であるものに仕えており」（五節）、柏木はこれに対して「基督は天上の幕屋に奉仕する祭司だから、徒に天上の幕屋の影に過ぎない地上の幕屋に奉仕するレビ人なる祭司より其職の遙に尊貴」（八四頁）である、と言う。このようにして同じ祭司でも「天上の幕屋に奉仕する」ものと「地上の幕屋に奉仕する」ものとは決定的に異なるのだ、なぜならば、地上の幕屋とは天上のそれの「写し・影」にすぎないからである。「写し・影」とはいうまでもなく、ほんものではない、似て非なるものである。

柏木の解釈ではイエスは「新祭司」（八〇頁）、またさきに紹介したように「基督亦永遠の祭司長」（七四頁）であり、その他にも「神の誓に由て立てられたイエスは完全なる神の子であるから有力有効なる祭司長」（八三頁）として位置づけられる。すなわち、この「ヘブライ人への手紙」の示す祭司論はユダヤ教の祭司論を超えており、また柏木のイエスをめぐる祭司論はさらに「ヘブライ人への手紙」の祭司についての意図をも超えたというべきである。「新祭司」とか「祭司長」という言い方、概念は「ヘブライ人への手紙」自体にもなかったもので柏木独自のものである。柏木がイエスに与えた「大祭司」「祭司長」といった呼び名は、イエスを称賛するあまりの賛語ではなく、柏木によるイエスの新しい独自な位置づけに基づいている。それは、まず第一に、ユダヤ教の概念を超えて、祭司となるべき人物の出自、出身民族を相対的に捉えたこと、そして第二に、レビ人の末裔ならぬユダの末裔であるイエスを「大祭司」として大きく位置づけし直すことで、ユダヤ民族を相対的に捉えることによる異民族、つまり日本人・日本民族を祭司をめぐる視界に入れようとしていた可能性がある、日本人・日本民族のキリスト教的な再評価の試みということである。もちろん、この第二の点こそ本書にとって重要である。

柏木は浄土真宗の考えかた、あるいは親鸞の思想については、門前の小僧としてのありようを超えていた、なぜならば彼は真宗寺院のなかで生まれ、育ったので、それらについては詳しく知っていたから、とみてよいであろう。そうであるとすれば、この民族にかかわる問題について親鸞がどのように考えていたのか、ということに関しても当然のこととして知悉していたと考えてよい。

親鸞は日本の前近代の仏教者のなかで仏教と仏教以外の宗教的要素とを分別して考えていたおそらく唯一といってよいほどの人物であった、と思われる。仏教と仏教以外の要素（外道とか外典などといわれる）、という問題意識に基づいて考えようとするとき、本来的には民族の問題は大きく立ちはだかってくる。すなわち、仏教は個別民族を超えた普遍宗教であるというのに対し、たとえば日本の民族宗教は他の民族、国家には妥当しない、と彼は考えたのである。

親鸞はとりわけ晩年に精力的に執筆した和讃類のなかで、普遍宗教としての仏教の徒としての自覚をもつ者は仏教とそれ以外の民族宗教に属するものとを厳格に分けて捉えるべきであることに拘泥している。親鸞の残した文章を素直に読めばそのことに必ず気づく。たとえば、よく知られたつぎの遺文などに明らかである。

かなしきかなや道俗の　良時吉日えらばしめ　天神地祇をあがめつゝ　卜占祭祀をつとめとす
かなしきかなやこのごろの　和国の道俗みなともに　仏教の威儀をもとゝして　天地の鬼神を尊敬す(11)（正像末和讃　愚禿悲歎述懐第八、第一一首）

すなわち、親鸞は、仏教は時・空を超える普遍宗教である以上、その徒であるならば普遍的でない宗教、つまり民族宗教とのあいだには、ある距離をおくべきだと考え、そのようにしない「このごろの」「道俗」の実態を痛烈に批判したのである。柏木義円が浄土真宗西光寺に生まれ、人となる過程においてこうした真宗にかかわる基本的な経緯を順当に踏まえていったとすれば、柏木が宗教的な問題においては普遍的なこととそうでないこと、具体的には特殊民族的なこととを分別する、親鸞由来の独特の思惟の枠組みをそれなりに継承し、あるいは無意識的にせよ、それをもって問題点を捉えようとしていたと考えることはまったく自然なことである。

六　民族宗教

日本人柏木義円にとっての民族宗教とは神祇信仰（いわゆる神道）であるが、キリスト教の文脈で民族宗教といえばユダヤ教である。そのユダヤ教について、常識的にはまずキリスト教の母体として、そしてユダヤ民族だけに妥当する民族宗教、として位置づけることができるだろう。そしてこのことは柏木においても当然あてはまる。その第一の点に関しては、旧約聖書を共通の聖典とするほか、思想的にも双方に共通する諸基盤がある。二番目の点について、イエスの生きた時代においては、ユダの地はローマ帝国の支配下におかれており、ユダヤ人たちは各地に散らされていた（ディアスポラ）。すなわち、ユダヤと日本とではその意味で歴史的状況がまったく異なるのである。ユダヤは（はるか後世になるまで）固有の国土を持たなかったのに対し、日本はそうではなかったので、ユダヤ教といわゆる神道とを同じく民族宗教としてひとくくりにして考えることはフェアではないかもしれない。

繰り返すように、ユダヤ教においては、祭司となることができたのはレビ族出身者のみであった。しかるにイエスはレビではなく、ユダの出身であったから、本来ならばイエスは祭司となることはできなかった。しかし、

> モーゼの律法にはユダの支派に祭司たるを許せしこと嘗てなく、イエスは其祭壇に於て祭司の役を勤めたことのないユダの支派に属したものである。此等の事レビ族の旧祭司に代って立つ可き新祭司とはイエスを指す（七九頁）

ということであった。すなわち、イエスに至って祭司となることのできる基本的な資格が代えられ、イエスは「大祭司」となったわけである。祭司はレビからユダに移った、という言い方もできる。

これについても柏木の内心としては、日本でも日本（民族）を支える宗教は、仏教に代わってキリスト教になった、あるいはなるべきだ、と考えたのではないだろうか。同時に日本（民族）を支えるべき人々は仏教徒からキリスト教徒に代わった、と考えたのではないだろうか。同じく右の引用のつぎに「基督の祭司たるの資格は外よりの命令にはなく、内に具はる人格に在る」（八〇頁）と述べているから、キリスト教を容する器としての「人格」をもって日本を支え、祈る新しい「祭司」たるべきだ、というのが柏木の〈国家ないし日本人観〉であった。ここに、祭司論は柏木に至って、民族の問題から新しく「人格」の問題に変化した。祭司となることのできる資格が、特定の民族の出身であることという生与の問題から、その人自身の「人格」にある、という新しい観点が示されたのである。したがってこの新しい観点は、律法とは別の根拠に基づかなければならなかった。

ユダヤにおいて長らくレビ族出身者のみが祭司となることができる、とされた規範は律法に基づいていた。しかし、新しく「神の子」イエスが「大祭司」となったというのは律法にではなく、「神の誓」によるものであった。曰く「ユダヤ教の律法が立てた祭司長は荏弱なる人間であつて無力である。併し神の誓に由て立てられたイエスは完全なる神の子であるから有力有効なる祭司長である」（八三頁）。基盤においては律法と神自身との違いがあった。この違いは大きい。ここからは、「荏弱なる人間」が祭司を勤めるユダヤ教は個別民族に由る民族宗教で、神の子たるイエスが「神の誓に由て」「祭司長」となったキリスト教こそが真の普遍宗教である、という柏木の趣旨を読み取ることができる。

柏木がイエスを「大祭司」とよぶのは、旧約の捉える祭司と新約に言う祭司とを弁別していたことと関連があると思われる。もちろんその文脈では新約の祭司が無上の価値を有している。

新契約の初の契約に勝る丈け基督は旧約の祭司に勝り玉ふ（八五頁）

「新契約」とは新約、「初の契約」とは旧約をさしていることはいうまでもない。新約の祭司であるキリストは旧約の祭司より優れていた。柏木の注釈は「契約の中保基督は神と人と間の中保となりて人を神に和がしめ玉ふ」（八六頁）と続く。キリストは新約の祭司であり、同時に中保であったのである。中保、あるいは仲保（者）の概念が祭司論とからめて論じられたのは新約聖書では「ヘブライ人への手紙」であった[12]。柏木としてはまずこの点に注目した。

ユダヤ教の聖典（もちろんキリスト教のそれでもあるのだが）である旧約、キリスト教の聖典である新約のなかで、キリストが後者の祭司であるということは、キリストは（民族宗教であるユダヤ教ではなくて）普遍宗教であるキリスト教の「祭司」である、ということになる。柏木はこのあたり声高に断言はしていないが、ユダヤ教を「地上の幕屋に奉仕する」民族宗教、キリスト教を「天上の幕屋に奉仕する」普遍宗教として堅く位置づけていることがわかる。そしてその際、後者が前者に優越していたことは当然であった。

柏木が民族宗教・ユダヤ教と普遍宗教・キリスト教とを並列し、その両者の差異を際立たせたとき、明文化こそしないものの、その並列の図式を日本に横すべりさせて、いわゆる神道とキリスト教との対比にまで及んでいたことはまちがいないと思われる。柏木にとって、いわゆる神道は、安中教会のすぐ東に位置する熊野神社やその祭礼などを通して直接的、具体的なイメージをともなっていたことも想像に難くない(13)。そしてそれはたんにキリスト教信仰の立場からする宗教上のよからざることであるだけでなく、特定の宗教、信仰を人々に強制する「信仰の自由」の侵犯という人権にかかわる明治政府の政治的な問題でもあることも的確に指摘されていた。

このように、民族宗教と普遍宗教との相克、そしてそれらの取り扱いは宗教の問題であるだけにとどまらず、その地平を超えて政治の問題にもなる可能性があることまでをも柏木は見通していた。

七　真の宗教

柏木は、自らの組合教会が「倫理的の宗教」であることをつよく認識していた。『希伯来書略解』よりかなり前の文章ではあるが『月報』六九号（一九〇四年）所載の「黄禍論の真解決」のなかで柏木は、プロテスタント諸教派について、組合教会を「倫理的の宗教」とするほか、日本基督教会（日基）を「理論若くは法律的宗教」、メソジスト教会を「他力の本願を達せんと欲する」教派、救世軍を「陽気なる囃子に其心を躍らせて其間に祈念を籠むる法華宗の如き」教派、などとそれらの特徴を軽妙に評していた。各教派の特徴がよく捉えられていてそれぞれ興味ふかい評語であるが、組合教会に関しては「倫理的」としていることに注目される。こうした自意識が「ヘブライ人への手紙」八章一〇節の注解に至ったとき、つぎのように明確に断ぜさせた。「律法を其念に置き其心に銘さん」（現行の新共同訳聖書の本文では「（主は言われる。）「すなわち、わたしの律法を彼らの思いに置き」」）という聖句について、

古き律法は石の板に彫りつけられた外部の律法であつたが、新しき律法は心の肉碑に彫りつけられた内部の主義であつて、斯くして全心全く新たになり衷より自然に湧き出でゝ、道義の律法が完成させらるゝのである（八八頁）

と注しているのである。神から人に与えられた律法は「道義」のそれ、であるという。神の民は神から与えられた「道義」の律法（おきて）を守らなければならない、と。ただ、続く一一節中に注して、

神既に各人の心に其聖なる律法（神を愛し人を愛するの根本的大律法）を彫りつけたれば、最早人をして神を識らしむるを要せんのである。蓋は万人皆神に就いて直覚的智識を有するからである。（八八頁）

という。「道義」の律法（おきて）、そして「倫理的の宗教」は結局、神を愛し、人を愛せよ、という「根本的大律法」の域を出ないのである。この「神を愛し、人を愛する」律法という趣旨の聖句は新約聖書のなかの各所にあるが、さしあたり明示的な箇所は「マルコによる福音書」一二章二八―三四であろう。そこでは「第一の掟」として「あなたの神である主を愛しなさい」、「第二の掟」として「隣人を自分のように愛しなさい」の句が示される（新共同訳による）。したがって「道義」の律法として他の教派の主張と明らかに区別される特別の教えのように柏木は述べているが、じつはなんら特別なものではなく、福音書自体に「最も重要な教え」とされていることがらであった。しかし、ここでは柏木の右の主張が、神と人とを愛せよ、という聖書のなかの中心的な教えをあたかも自身が発見した特別なものであるかのように言っている、あるいは自らの組合教会の「倫理的」という特質をあえてなにか特筆すべきこととして評価しようとしているといったことではなく、聖書自体の本来的にして中心的なメッセージをそのとおりに「道義の律法」として正当に位置づけようとしている点にこそ注目すべきであろう。すなわち、柏木の聖書理解の正当さ、まっとうさである。これこそ柏木にとっての「真の宗教」であった。

さて、「神を愛し、人を愛する」ことはいまみたように、「道義」にあふれ、「倫理」に満ちた宗教的行為規範である。そしてこのことは「基督」の「犠牲」によって完成されたものであったことを柏木は確認する。「ヘブライ人への手紙」第九章一四節「まして、永遠の〝霊〟によって、御自身をきずのないものとして神に献げられたキリストの血は、わたしたちの良心を死んだ業から清めて、生ける神を礼拝するようにさせないでしょうか」（新共同訳による）のなかの「永遠の霊」について「レビの祭司が献ぐる犠牲の頑冥、自覚なき獣であるとは異って、神を愛し、人を愛する基督の永遠の霊に由て献げられた犠牲だから、無限の価値が含んで居る」（九八頁）という。「霊」に関してこの文章の周辺では言及されていないが、文脈上は「キリストの霊」と解するのが適切であると思われる。そうであれば、「基督」の「霊」は「永遠の霊」として、「神を愛し、人を愛する」べき行為規範を「永遠」に人に迫っている、といえる。そしてそのことは「道義」にあふれ、「倫理」に満ちた律法から流れ出てくる。

柏木による右の「道義」の律法論について、もう一点重要なことが潜んでいる。それは「直覚的智識」である。すなわち、柏木は、「道義」にあふれ、「倫理」に満ちた律法を人は神から与えられて自らのものとして生きてゆくことを教えるが、その場合、人はその律法についてなんらかの「智識」を要求されているのではない、ということである。人はただ「直覚的」にそれを受け入れればよい、というのである。たとえば「理論若くは法律的」に理解する必要はない、というのである。そこにはただ〈素直な・朴直な〉「直覚」だけが必要とされている。本来人がもっている「直覚」だけで充分、というのである。

このように考えてくると、柏木によれば「真の宗教あるいは真の信仰」を人が得るには、ただ「有している」「直覚」を活性化させることで、本来神によって与えられている「道義」「倫理」に目覚めればよい、ということになろうか。神はすでに人にその「律法」を彫りつけていたのだから。

では人は、自らの身体に「彫」られた「律法」に目覚めればよいのであって、主体的には何もしなくてもよい、ということなのだろうか。もし、そのとおりとすれば、それはきわめて不十分な「倫理」ではないだろうか。

柏木の思考を辿ってゆくと、「神を愛し、人を愛する」倫理は新約のそれ、であり、「レビの祭司が献ぐる」「犠牲・獣」とは異なる、と述べていることに気づく。「レビの祭司」の献げる犠牲とは旧約に属している。「律法によれる犠牲は良心を潔むるの効力な」（一〇三頁）いものであったから。したがって、すでに神から与えられている「道義」「倫理」は、旧約的な「頑冥」なものではなく、「基督」に依るものであることを「直覚的」に認識さえしておれば充分、ということになるだろう。なぜならば、旧約的な「律法」には「良心」を「潔むる効力」がないから。

「良心を潔むる」という倫理的な方向性は指し示されてはいるものの、それだけでは行為の規範としての倫理思想としては弱く、観念的であることは否めない。柏木はそのことについてはこれ以上のことは語っていない。それは、特定のテキストに対する注解という文章の性格に因ることか、あるいは彼の福音理解ないし思想自体の問題によるものかはわからない。

八　真の信仰

そもそも「ヘブライ人への手紙」には、旧約聖書と新約聖書とを対比し、後者が前者に優越していることを示そうとする意図が明らかにみえる。もちろんこの両者の分岐点はキリストにある。またこの文書は両聖書の対比を試みる際に、祭司論や律法の問題によることがあったが、さきに引用した第一〇章冒頭の「良心」の問題もそこで用いられていた。曰く「律法によれる犠牲は良心を潔むるの効力なき事」（一〇三頁）であった。犠牲とは神殿において動物をいけにえとして神に献げることであった。型のごとく動物のいけにえを行うだけでは、人の良心を倫理的に潔めることにはならない、という趣旨で、「其良心を潔めて神の前に義人として立たしむること能は」（一〇三頁）ない、と。神は動物ではなく、「基督御自身の犠牲」を「悦び玉ふ」「動物の犠牲は唯来らんとする基督の犠牲の比喩として価値があったのみ」（一〇五頁）だ、と。

「ヘブライ人への手紙」の本文では、その後キリストの死という犠牲、キリストの契約の新しさについて述べ、偉大なる祭司、キリストであるイエス自身を通って神に対する信仰をつよめよ、という勧告を行い、次の第一一章冒頭のよく知られた信仰の〈定義〉に続く。

現行の新共同訳聖書の「ヘブライ人への手紙」第一一章冒頭はつぎのとおりである。「信仰とは、望んでいる事柄を確信し、見えない事実を確認することです」（一節）。この文章にはじまる第一一章について柏木はつぎのように総括している。

本章は族長時代より下殉教者に至るイスラエルの史記より、実例を取り来て信仰の功績を明にするのである。而して信仰は義人の生活に必要なる条件であつて、これ固より信仰の英雄の模範に由て信者を策励するにあるが、抑も亦本書の主張は此世の物、目に見ゆる物は単に天の真実々在の模型のみ、影のみと云ふに在て、前章論じ来りたる根本思想は、「真実」なるものは唯天のもの、みと云ふことである。然らば見へさる天のものが如何にして確実に実にせらる、かと云へば、此れ信仰に由てゞである。信仰に由て見へさるものが実在となり、未来のものが現在となるのである。希望は未来のものを未来として待望する力なれども、思考は未来のものを現在の経験として味ふのである。信仰は旧約時代の聖徒を激励して、しかく英雄的献身的の偉行を成さしめた。今や我儕は彼等に勝りたる約束を有つ者である。奈何で信仰に於て彼等の背後に落ちて可ならんと云ふにある。（一一一頁）

やや長くなったが、これが第一一章全体に対するコメントである。まずパウロの「ローマの信徒への手紙」の思想にみられるような、いわゆる信仰義認論的な信仰の定義とは「異なる」定義を示している。もちろん柏木はパウロの考え方を否定しようとする意図で述べているのではない。曰く「保羅が専ら唱へる所の基督に親しく個人的に信頼し、之に由て彼と一となり、遂に義とせられ新にせらるゝ、信仰とは、自ら其義が異なる」（一一二頁）のだ、と。

すなわち、ここで示される「信仰」とは、イスラエルの長い歴史のなかに通貫している人々の信仰のありさまの「実例」である。したがって、過去のそれらは見えるものであるが、未来のそれらはまだ見えない、しかし、現在の経験として実際に味わう――「望んでいる事柄を確信し、見えない事実を確認すること」――というものである。信仰を通して過去と現在、そして未来とが、旧約の時代から新約の時代に、そして「我儕」の時代・現在にまで一直線につながるというのである。アブラハム、サラ、イサク、ヤコブ……「彼らは信仰に由て目に見へざる天のエルサレム、神の都城を待望した」（二一四頁）。旧約時代の彼らは、信仰によって目に見えない天の都を待ち望んだ、そして神は自ら与えた試練に対して彼らの「良心」（二一六頁）を通して信仰の質を問おうとした。

よく知られた「創世記」のアブラハムに与えられた神の試練の物語について言及される。神はアブラハムに一子イサクを「焼き尽くす献げ物としてささげ」るよう、命じた（新共同訳による。二二章二節～）。アブラハムは、何も知らないで焼く子羊のことを問うイサクに対して「焼き尽くす子羊はきっと神が備えてくださる」と答え、息子を屠ろうとした、その時、神は御使を遣して、イサクを救うことばを与え、「あなたが神を畏れる者であることが、今、分かったからだ」と言い、イサクの代わりに角を取られた雄羊を焼き尽くした、というものである。右のような聖書の本文では、神の命令によって息子の命を神に献げようとしたアブラハムの行動が「信仰」によるものであることが縷々述べられている。神によるとはいえ、過酷な命令に従って息子を殺そうとしたアブラハムの行動はもっぱら、「献げ物の子羊はきっと神が備えてくださる」という〈信仰〉に依った、と聖書は伝える。が、柏木はそれについて「良心」と述べている。アブラハムの「良心」を通して問い給うた「信仰の試練」という。もちろん、文脈から第一一章の冒頭部分は「信仰」について述べられた箇所であることは明白であるから、わざわざアブラハムの行動について評するときに「信仰」

の語を用いないこともあり得るだろう。しかし、ここに「良心」の語が入りこむ余地は本来はないはずである。したがって、この「良心」の挿入は柏木の独創によると考えてよい。

一子の命を献げよ、という過酷な神の「御命令」におとなしく従うことは「全然無条件の服従」「純粋無雑なる一大信仰」（一一八頁）であったのだが、柏木にはこれが「良心」によるものとして了解されたのである。

一一章では、独特な信仰の定義とともに、長い歴史のなかで信仰に生きた多くの人々が「約束されたもの」を受けずに死んでいったことも冷静に述べられている。しかし、「後に基督の救拯完成して、凡ての救はれたる義人と共に天の聖業を嗣がせん為め、暫らく待たしめ玉ふた」（一三〇頁）。かくして柏木流に「基督の救拯」を通して旧約の時代（の人々）と新約の時代（の人々）とが結びつけられた。したがって「我儕は耶蘇を堅忍の模範として、百折不撓人生の馳場を馳せんければならぬ」（一三一頁）。

これが柏木義円の捉えた「ヘブライ人への手紙」を通してみた「信仰」のありかたの具体的な姿であった。その中心は「良心」にある。一般論としては「良心」は倫理の問題に属し、信仰の問題とはいちおう、別のことであろう。もちろん、人の心において、ある信仰に固く基づいたうえにその「良心」が築かれる。その意味でこの両者が無関係ということはあり得ない。しかし、とりわけキリスト教の文脈で、「信仰」とは何か、と問われたときに「良心」をもって答えるならばやや的はずれ、というべきかもしれない。しかし「倫理的の宗教」組合教会に属する柏木にとってはこのストーリーはきわめて自然なことであった。これが彼の「信仰」そのもの、であった。したがって、第一二章一五節の「神の恵みから除かれることのないように」するための勧告については「（神の恩寵に及ばざる者あらん）或は不信仰に由り、或は神を棄ることに由り、或は不道徳に由り神の恩寵を受くる能はざる者あらん」（一三六頁）ことが危惧されている。神を棄て、不信仰に陥るならば、その恩寵から除外されることはしかたないとしても、「不道徳」者もその除外される対象になるというのである。信仰の問題に道徳・倫理が正面からその役割を果たしている。パウロ的ないわゆる信仰義認論では解けないことがらがここにはあった。柏木がパウロ的ではない信仰論を説いている「ヘブライ人への手紙」に注を付けた意味はここにあったのかもしれない。

おわりに

組合教会に属した柏木は、その教派的特徴である「倫理的」であることを終生重く受け止めていた。「良心」を通して信仰を堅いものとし、神から与えられた「道義」の律法を遵守して生きるべきことが教えられた。もしそうでなければ「不道徳」ゆえに神の恵みから除外されることになるのだ、と。

このように考えてくると、「ヘブライ人への手紙」という新約聖書中の書簡におけるキリスト論が、神の子、大祭司、新しい契約の仲保（者）の三つの主要概念をめぐって展開されている(14)ことから柏木は比較的自由であったことがわかる。もちろん、柏木の「ヘブライ人への手紙」の注解はそのキリスト論だけに焦点を絞ったものではなかったが、あくまでも柏木自身の問題関心に依存していた。それは「良心」「倫理」「道義」といった組合教会が重視してきていることがらを中心においたものであった。

一九〇九年（明治四二）七月、日本政府は「韓国併合」とその統治を閣議において決定した。その直後、一〇月に韓国統監に任じられていた伊藤博文がハルピン駅頭で暗殺された。翌一九一〇年一〇月、組合教会は第二六回総会において次年度に朝鮮人伝道をおこなうことを決議した。その背景として、「韓国併合」に際して初代朝鮮総督であった寺内正毅がゆくゆくの「併合」のために朝鮮人同化政策としてキリスト教を利用しようとして伝道資金の提供を条件に、日本基督教会の植村正久、日本メソジスト教会の本多庸一に話をもちかけて断わられ、組合教会の海老名弾正のみがこれを受けたという経緯があった。こうした動きに対して、安中教会所属の信徒、湯浅治郎、そして柏木らは敢然と批判を始めた。柏木はたとえば『月報』第一八六号（一九一四年）に「渡瀬氏の『朝鮮教化の急務』を読む」を執筆し、組合教会の「彼等を同化して我が忠良なる臣民たらしめ以て併合の大目的を徹底せんとする日本人としての立場」、そして渡瀬らの主張が「往々所謂帝国主義と福音伝道とを結び付けんとする」ことを強く批判している。なお「渡瀬」とは海老名の側近であった渡瀬常吉である。すなわち、組合教会は朝鮮を「併合」しようとする国策に無批判的に便乗しようとしたということであった⒂。「個々の教会の自主自治」が「精神本領」（『月報』第二二九号）であったはずの組合教会の危機である。外圧によってではなく、内部から国策に積極的に便乗して「帝国主義」的な動きをしようとしたのだから。

また柏木は『月報』第一四一号（一九一八年）に「同志社の前途如何」という文章を載せている。現校長の原田助が「多くの純潔忠誠の良教授」を追放し「校内無秩序を極めた」というのである。これは原田の「噬《カム》り付き主義」によることもっぱらであると言い、「外は益々同志社教育の声価を失墜し内は学生教育上に悪影響を及ぼす」こととして、原田の辞任あるいは更迭を主張している。

この原田の件は右の組合教会の朝鮮伝道への批判とは位相を異にする問題ではあったが、同志社・組合教会の危機であったことは間違いない。

右の顚末は状況証拠にすぎない。が、柏木が『希伯来書略解』をこのように注解した時代的背景であったことも事実である。

「ヘブライ人への手紙」の最後の段階に至って第一三章一七節に対して柏木が付したコメントはたいへん意義深い。

神の前に訴ふ　善き牧羊者が眠らないで其羊を守るやうに、神の前に責任を感ずる牧師は、其信者の霊魂を守護し、信者の善き事に喜んで神に訴へて感謝し、悪しき事も亦喜んで神に訴つ

て其の悔改を祈り、其の罪の赦しを祈るのである。（一四六頁）

このなかの「牧師」に相当する語は現行の新共同訳聖書の本文では「指導者たち」である。これを「牧師」と言い換えたことの語学的、あるいは神学的な是非は措いて、柏木にとっては必然の読み替えであったに違いない。

『希伯来書略解』が著わされた時期の柏木をとりまく小状況、および日本をとりまく大状況ともに柏木にとってはひじょうに憂慮すべき内実であった。このなかで柏木はこの文書に、組合教会、そして〈福音〉の大前提としての「道義」「倫理」をまず、立ち返るべきところとして指摘しておかなければならない、と考えたのである。神学の活動は変化する「時代に応じて刷新されなければなら」ず、神学が「常に自己刷新していく運動[16]」であるとすれば、柏木義円はまぎれもなく二〇世紀の誠実な神学の徒であった。

註

（1）原本は、一四六頁、縦一七cm×横九cmの縦長の新書版に似た形式。

（2）岩隈直訳註『希和対訳脚註つき　ヘブライ人への手紙』（山本書店、一九七四年）も、「ヘブライ人への手紙」について「新約聖書中で文学的にもっとも高級なギリシャ語で書かれている」と評する。

（3）「基督教の人間観　上」（『月報』一二五号、一九〇九年）。本書Ⅱ部第3章「柏木義円における二つの〈普遍〉」は、現在、新島短期大学（高崎市）所蔵にかかる柏木義円の旧蔵書中の、高瀬武次郎『陽明学新論』

（榊原文盛堂、一九〇六年）に付された柏木自身の手書きの書き込みや傍線・傍点に注目したものである。これによれば柏木は、創造論、存在論、神観、心観など陽明学から多大な思想的遺産を負っていた。柏木は陽明学の妥当する領域を「人事上」に限定し、その汎神論的な性格を希釈しておこうとする。

（4）日本聖書協会 聖書図書館には数種類の明治期刊行の日本語聖書が架蔵されている。もちろんその架蔵書をもって当該期に存在した日本語聖書全体を語ることはできないが、おおよその傾向を読み取ることはけっして不当ではない。聖書図書館架蔵の明治期刊行の日本語聖書のうち、旧約については漢文・訓点付きのものと和文体のものとに分かれる。前者には「耶蘇降生千八百八十三年　米国聖書会社　明治十六年　日本横浜印行」「耶蘇降生千八百八十三年　大英国聖書会社　明治十六年　日本横浜印行」「耶蘇降生千八百八十七年　大英国聖書会社　明治二十年　日本横浜印行」および「耶蘇降生千八百八十四年　米国聖書会社　明治十七年　日本横浜印行」、後者には「耶蘇降生千八百八十八年　大英国聖書会社　明治二十一年　日本横浜印行」「耶蘇降生千八百八十八年　米国聖書会社　明治二十一年　日本横浜印行」および「大日本神戸江戸町九十五番　大英国北英国聖書会社　明治三十九年一月二十六日印刷　同三十一日発行　大正二年十月七版」のものである。なお、前者の漢文体・訓点付きの本文をもつ聖書は刊行年、印刷年、また米国と英国と刊行の国が異なっていても本文は同じである。柏木「基督教の人間観 上」に引用された聖書の本文は右に紹介した明治期刊行の日本語聖書の本文と同じである。ただ、柏木の引用した第二文は「使治海魚飛鳥性畜」であるが、前者の漢文体・訓点付きの本文をもつテキストでは「俾治海魚飛鳥性畜」であり、一字のみの違いである。したがって、柏木が引用のために使用した旧約聖書は、右の前者のいずれか、あるいはそれと同じ系統のどれかである可能性が強い。

（5）『定本親鸞聖人全集』第三巻和文・書簡篇（法蔵館、一九七六年）四三頁。

（6）「明治三十二年」「大日本聖書館」刊行の『引照新約全書』（家蔵）の文章による。ただし、柏木がこのテキストを用いたかどうかは確認できない。なおこの訳文で「賓旅」「寄寓者」とされている箇所は新共同訳では、それぞれ「よそ者」「仮住まいの者」とされている。原語の ξένοι は「外国の」、παρεπίδημοι は「寄寓者、他国人」と訳される語である（『新約聖書ギリシャ語辞典』）。したがって、「明治三十二年」刊『引照新約全書』の「賓旅」は意訳（に近い）ということになろうが、本文で述べたように、「天」との連続を主張する際には「巡礼」がきわめて適切である。なお、聖書図書館所蔵の「明治九年」「日本横浜上梓」の「翻訳委員社中　米国聖書会社」刊の「新約聖書希伯来書」の本文も同様である。

蛇足ながら、現行の新共同訳聖書の本文は「この人たちは皆、信仰を抱いて死にました。約束されたものを手に入れませんでしたが、はるかにそれを見て喜びの声をあげ、自分たちが地上ではよそ者であり、仮住まいの者であることを公に言い表したのです」である。

(7)「ヘブライ人への手紙」一一章一節（新共同訳聖書による）。

(8)「十字架に勝るの救ひやある可き」なる趣旨のもとで批判的に引用されたのが法華経の、いわゆる法華七喩のひとつ「三車火宅の譬喩」である。同経譬喩品で展開される喩え話で、釈尊が火急に迫られている凡夫を救うための方便を説くというもの。家が火事になっているのに依然として家の中で遊んでいて外に出ようとしない三人の子供を父が救うための方便として、外に出ればきれいな羊車、鹿車、牛車を与えよう、と言って騙して外に連れ出し、危機から救った、という譬喩である。最終的に父、すなわち釈尊は羊車、鹿車、牛車をはるかに越えて優れた大白牛車を与えた、という寓意を含んでいる。柏木は、この話のなかの父（釈尊）を「金殿玉楼に安坐して空しき位に誇る者」であり「苦しめる者を救ふ者は更に深く苦しみを味ふた者」（キリストをさす）でなければならぬという。しかし、この父を「金殿玉楼に安坐して」いる者というのはこの喩え話の解釈としては的がはずれている。

(9)　初期の安中教会の重要な経済的基盤が養蚕にあったという点は、大濱徹也『明治キリスト教会史の研究』（吉川弘文館、一九七九年）第三章に既に紹介されている。また『月報』には上毛（群馬県）の教会の毎月の日曜礼拝の出席者数や説教者の紹介、教会員の動静などが細かく記されている。これによれば、安中教会では、毎年春蚕、秋蚕の季節には礼拝出席者数が激減していることが読み取れる。

(10)　旧約聖書『歴代誌 下』二六・一八「香をたくのは聖別したアロン〔レビ族〕の子孫、祭司である」など。

(11)『定本親鸞聖人全集』第二巻和讃・漢文編（法蔵館、一九六九年）二一一頁、二一三頁。

(12)『旧約・新約聖書大事典』（教文館、一九八九年）では新約における仲保（者）について「新約聖書において仲保者という概念が見出せるのは、まずガラ〔テヤ書〕三：一九～二〇においてであり、ここではモーセの仲保者たることが否定的に評価されている。その他ヘブル書に三回（八：六、九：一五、一二：二四）、「大祭司の概念の変形」として登場する」（H. W. HappenBauer 執筆、平野保訳、『キリスト教辞典』（岩波書店、二〇〇二年）では、「新約では仲保は唯一イエス・キリストに収斂する〔テモテへの手紙一（同）二：五、ローマの信徒への手紙（引用者注）五：一二以下〕。彼こそ父（の意志）を啓示する〔マタイによる福音書（同）一一：二九、ヨハネによる福音書（同）一四：六〕。新しい仲保的大祭司である〔ヘブライ人への手紙（同）九：一五以下〕」などとされる。したがって、新約聖書において、仲保（者）と祭司とを関連させて論じられたのは「ヘブライ人への手紙」のみであることがわかる。

ただ、歴史的イエスにおいてのみただ一度神が啓示された、とする危機神学的な神観念、あるいは神学の立場からは、仲保（者）の概念はたしかにわかりにくいし、何よりも思考の回路を複雑にさせ、ひいてはイエスの位置づけ、すなわちキリスト論が不明瞭になる可能性もあるだろう。

パウル・ティリッヒは仲保（者）の概念についてつぎのように指摘している。すなわち、宗教史的には深い根をもっている仲保（者）（Mediator）の概念がイエスに適用されたが、これは神と人の双方が啓示と和解とのために依存するという、いわば第三の実在（the third reality）であるかのごとき示唆を与える、神学的には危険な概念である、と（Paul Tillich, *The Systematic Theology*, Vol. 2, The University of Chicago Press, 1957, p. 169）。ただ、ティリッヒの言う第三の実在（the third reality）なり、新しい存在（the New Being）なりといった概念も事実、誤解を生みやすい概念を表すものではある。

これらのことは、仲保（者）の概念をその重要な構成要素のひとつとしている「ヘブライ人への手紙」自体のわかりにくさ、あるいは曖昧さ、といった事実に帰されることであるが、柏木義円がそうした性格をもっているこの文書に注解を加えたことの意味、柏木が右に指摘したようなマイナス要因についていかに考え、そしていかに注解をしたか、があらためて考えられなければならないだろう。

(13)　『月報』一五六号（一九一一年）に柏木は「小学校の鎮守祭典参拝に就て」と題して、小学生を強制的に神社参拝させている各地の実態を紹介し、「信仰の自由」の観点からこれを厳しく批判している。このなかに

「熊野祠」と「諏訪祠」とが二つ並んでいるという「関東の或る地方」の例を出している。かつて戦国時代の武士武田氏が優勢なときには「熊野祠」が本社、「諏訪祠」が支社、同じく戦国時代の上杉氏が優勢な時期にはその逆となるといった「ノンセンスの事」があったという。ちなみに、安中教会からみて東北方の近所にある熊野神社には境内の末社として、本殿の手前の西側に諏訪神社が祀られている。柏木がこの文章を書いたときにはおそらくこの熊野社と諏訪社とのことが念頭にあったことは間違いないことであろう。なお同号には海老名弾正の「祖先崇拝か子孫崇拝か」という論文を「最近刊」の「新人」誌から転載している。

(14)　中川秀恭『ヘブル書研究』（創文社、一九五七年）第一章

(15)　この事実関係については、片野真佐子『孤憤の人 柏木義円――天皇制とキリスト教』（新教出版社、一九九三年）第六章に多くを負っている。

(16)　佐藤優「神学の履歴書五八」（『福音と世界』二〇一三年八月）。

第2章　『霊魂不滅論』など――〈神の肖像〉論――

はじめに

柏木義円は、単独の著書として『霊魂不滅論』（一九〇八年〈明治四一〉）、『運命と信仰』（一九〇九年）、『基督教の神観と人観』（一九一六年〈大正五〉）、『天地創造と神子受肉』（一九一六年）および『希伯来書略解』（一九二〇年〈大正九〉）を残している。このうち最後の『希伯来書略解』については別に述べたので、本章ではその他の四書の意義について考察する。

この四書についてはいずれも、特定の聖書のテキストとか主題などを提示されてその内容に関しても指示されたものではないので、いずれの書においても柏木はのびのびと自由に自説を展開することができたものと思われる。したがって、特定の聖書の箇所が選ばれずに論が進んでいるところが少なくない。そのため、かえって体系的な神学思想などではなかなか看にくいところ、すなわち柏木の、いわば本音がほの見えている行論も散見し、彼の素の姿を知ることができて興味深い。

以下、執筆された順に見てみたい。

一　『霊魂不滅論』

この書は、当時日本基督教会に属した両国教会の牧師であった星野光多が編集し、警醒社書店から出版された基督教叢書の一環として一九〇八年（明治四一）に刊行されたものである。

星野は柏木と同年の一八六〇年に上州沼田戸鹿野村に生まれ、横浜でバラの私塾に通い、バラから受洗、のち慶應義塾に学んだ。一八八三年に、当時群馬県議会議員であった安中の湯浅治郎の招きで西群馬教会（現、日本キリスト教団高崎教会）に牧師として招聘された。のち日本基督教会の下谷教会、そして両国教会に転じた[1]。

安中教会で柏木の説教を聞いた人々から後年に寄せられた回顧談のなかに「〔柏木〕先生はいつも、永遠の生命、霊魂の不滅といった様な根本問題について話されました[2]」というものがある。おそらく霊魂の不滅という問題は柏木にとって自家薬籠中の論題であったということであろう。柏木によれば「霊魂不滅」とは、一般に想像されるような、人は死んで肉体は亡んでも霊魂は永続する、といった神秘的な意味合いのものではなく、つぎのようなものであった。

人の最終は死であると云ふ事は確実なる事実であつて、誰も之を疑ふ者は無い。而して其死と云ふものは、水上の泡沫が消えて跡の無いやうに全く虚無に帰するものではなくつて、人々各

自一生の行跡に就て責任を負ふて神の審判の前に立たんければならないと云ふのが、基督教の霊魂不滅説である。(3)（三頁）

人の死後、各自の生涯になしたことがらについての責任をとるために神の前に立つことが「霊魂不滅」であるという。たんに霊魂がいつまでも永続するという意ではなく、倫理的な性格を帯びていたことがわかる。そして、「死」は「人間万事の終」ではなかった。もしそうであるとすれば、「人間の運命ほど悲惨なものは」ないであろう、と（四頁）。

しかし「死」は人の肉体の終わりであることには違いなかった。したがって、人の死に際しての〈心〉のゆくえこそ、一大関心事であった。唯物論者はなぜ、死ぬことはじつは「単に吾人の感覚に現はれたる物質一部の一時的現象に過ぎない」のにそれを重大視し、かつ「更に々々大なる心其物を虚無視するのであるか」。「脳髄は単に精神作用の機関のみ」（二一頁）であるはずなのに、と。身体や心を物質視する「唯物論者」に対して、彼らは脳などの身体機関を重要視して、「心其物」を重要なものとは見ない、と批判し、「心其物」「精神」こそ重要であるという。なぜならば、現実のものとしての「精神現象」の「天地の根底に通じ」た「本体たる「我」なる意識」が存在するからだ、と（二八頁）。もちろん「天地の根底」は神を含意している。すなわち、「天地の根底」たる神に由る、人の「心其物」「精神」は人の死を超えて、肉体の滅びにも拘らず存在する、というのである。

さて、柏木にとって、人の心の「道徳修養」は重要なことであった。曰く「道徳修養とは道徳上の理想を其心霊に彫刻するのである」（四九頁）。各人の心に彫刻されることで実現される「道徳上の理想」は「霊魂の不滅なるを得て始めて其真意義を煥発する」ことができるという。神の前に立たされた、道徳上の理想を体現した一人ひとり――この一人ひとりの存在は神に依っている――が、自らの責任を負うことが柏木のいう「霊魂不滅」ということであったのである。そのようにして人は、神の前に立つべく、つねに「心」「精神」の修養に努めなければならない。そこで、人生は「天地の大学校」として、キリストを師として、「活教科書」として「日に錬り、月に鍛」えなければならない（六〇頁）、とキリストが提示される。キリストの父・天の父なる神の家こそがその「第宅」である（六七頁）、と。

ところが、現実の今の日本には「似非なる霊魂不滅説」が盛行し、人々を惑わせている（七一頁）。「今日我日本に於て大なる害毒を流して居るものは、実際上に於ては物資的の自我主義で、思想上に於ては仏教の無我主義である」、「其弊の根柢は同一の処」にある「他力本願の無我でも、自力悟道の無我でも、其に人心の事実に背馳し、人情に乖戻したる不自然なる無我主義」（八五頁）であるという。いきなり仏教批判に続いているが、これについてはおそらく伊藤証信（一八七六～一九六三）の「無我愛」運動への批判が潜んでいるかもしれない。『月報』などにおいてはとくに当該問事項についての言及は見られないが、充分に想定できる。(4) これに対して柏木は、「吾人の霊魂不滅」に関して、これは、「無我」主義あるいは「自我」主義でもない「個人主義の不滅」「個人意識の不滅」「「我れ」なる自覚と記憶との継続」「神我の別の永遠の存続」（八九頁）であるという。すなわち柏木は、仏教の「無我」の思想あるいは、物質的な意味での「自我」主義を、没個人あるいは、物欲にとらわれるという意味で理解し、そのうえで自身の「霊魂不滅」説を立てたのである。これは「神我の別の永遠の存続」であったから、我とは絶対的な隔絶の向こうにいる神との関係こそが「永遠」に続く、永遠に「我」は「各自一生の行跡に就て責任を負ふて神の審判の前に立たん《ママ》ければならない」というものであった。

人の罪に関して、柏木はつぎのように言う。「面部の痘痕は一生涯存して居る」（天然痘の後遺症である「痕」は顔面にいつまでも残る）、そのように、

霊魂が不滅である限り、吾人の一念、一言、一行悉く永く其霊魂に其痕を止むる……肉の痘痕は之を除却すること殆ど不可能であるが、罪に触れた心霊の痘痕は如何にす可きであるか。却て其痘痕を蝕み去て、全く清からしむるものは、実に十字架の贖罪である（一〇六〜一〇七頁）

罪を犯した我らの心霊にも痘痕のごときものが残る、その痕を清くして去らしむるものは「十字架の贖罪」しかない、という。こうして人の罪と「十字架」への信仰とが結びつき、つぎのように倫理の問題にも連続していった。

曰く「霊魂不滅の信仰と国民の品性とは大に関係する所がある」[5]（一〇九頁）。一見、霊魂不滅の

問題と倫理、「品性」とは結びつきにくいように思われるが、このようにして結びついた。ここでは論理の展開がやや急になる。「今日日本教育の大病根は亦生徒の人格を尊重しない所にある」（一一〇頁）、その人格の尊貴を認めない日本の旧習は、まさに霊魂不滅の信仰に立たないところに依っている、生徒一人ひとりが神の前に立たしむることをさせないこと、それこそが「今日日本教育の大病根」であった。柏木は、小学校生徒に神社崇拝を強要させた学校当局、その背後の国家権力を痛烈に批判していた(6)。

柏木はそのような社会のありかたをふまえ、着実に政治批判として論をキリスト教思想として精錬し得た。そして「要するに健全にして高尚なる霊魂不滅の信仰の無い国民は、偉大なる品性ある国民たる資格が無い」（一一二頁）と結んだのである。「霊魂不滅」というキリスト教独自の教説を倫理の問題、そして「国民の品性」の問題として論じることを通して、柏木の「霊魂不滅論」はキリスト教信徒のあいだに限定されるたんなる宗教論の枠を出て、社会批判にまで昇華されたのである。

二　『運命と信仰』

この書は一九〇九年（明治四二）六月に警醒社書店から刊行された。他の書とは異なり、柏木自身のなまの声が聞こえてくるような、肉声を感じさせる文体をもっている。そして、人の恣意を超え、しばしば超越的存在に由来すると考えられ、そして時に通俗的な話題の対象ともなる「運命」について闊達に柏木の持論が展開されたものといえる。冒頭で「天命に順従するは聖人の教の極意であります」という。ここにいう「聖人の教」とは儒教のことに他ならない。

人類はこれまで「科学」を進展させることによって山岳に閉じ込められた人間を救い出し、隧道を開鑿して汽車を通じさせ、海洋に汽船を走らせて交通を容易にさせてきた。しかし、「自然を支配し自然を利用しても而かも人間は到底運命に制せられ之に服従しなければならい《ママ》と云ふ事実」がある（四頁）。「自然を支配し、自然を利用」することは西洋的な文脈ではキリスト教の独擅場であったのだが、しかしそれにもかかわらず、依然として人は「運命」に従わなければならないのだ、というのである。

ここに柏木は譬喩を挙げて運命に対して五種類の態度を示している（一二頁）。あたかも法華経のいわゆる三車火宅の譬喩を想起させる。慈愛に満ちた父がおり、五児があった。父は五児を時に鞭うち、時に菓子を与えて慈しんで育てていた。甲児は菓子を貰えば喜び、鞭打たれれば父を恨んだという（「運命に対する常人の態度」）、乙児は鞭と菓子とには「一定の法則」があることを知ったという（「運命に対する理学者の態度」）、丙児は父の鞭、菓子と自分の言動のあいだには「因果の法」が厳然として存在することを知っており、丁児は父の温顔のもととしての喜びと厲色（血相を変えて対応すること）のもとである憂いとの違いは所詮「一時の仮相」であり、父の心の本体は「恒久不変」

であると悟っている、そして戊児は父の温顔も厲色も父の慈愛に由るものとしてただ感謝するのみ、しかるに「孝順」の子は最後の戊児であるという。戊児は父の存在自体にただただ感謝したのである。文脈では、戊児のようなありかたこそ柏木の立場からは称賛されるべきものとして提示されたといえる。右のうち、「常人」の甲児および最後の戊児以外の児童について分析してみよう。乙児は「理学」すなわち儒教の立場として、原因（自分自身の言動）と結果（父の態度）とのあいだの「法則」を発見した、丙児は同様に、両者のあいだの「因果の法」（因果応報・因果律）を発見している、そしてそれに似たものがつぎの丁児で、父の態度は所詮一時的なものにすぎず、父自体は「恒久不変」であることを悟ったという。丙児と丁児とが仏教の立場と考えられるが、前者はいわば因果応報にとらわれた低次元であるが、後者は、あたかも「空」を思わせる「恒久不変」の大乗仏教的なものとして措定されたものと理解できる。(7)

しかし、仏教を想起させる丙児と丁児についてはこれ以上の議論は展開されておらず、行論は、儒教批判に至る。柏木は中江藤樹、宋の張横渠について述べている。横渠の「乾坤」説、藤樹の「太虚」説を運命論の論拠として挙げ（ただその詳細については記していない）、これらについて「何れも其思想が茫漠でありまして人間孝順の心を喚起するに力の少いのを遺憾と致します」（一六頁）というのである。

茫漠ではなく、人間孝順の心を喚起するに足るものはもちろん、キリスト教である、というのが柏木の論であったのだが、さきの譬喩の戊児のごとくすべてのものが「慈愛の天父の愛心」に由来する「甘露」として「人間順逆の運命」をも「無限の恩寵」であることが明らかにされる。「信仰の眼を以て運命の妙へなる奥義を看得し其の恩寵を味」うことこそが本来の意味での運命に「服従」することだ、「運命に服従することが即ち神の正義と仁愛とに順従する」ことなのだ、と。そして戊児のごとく「苦き運命も盲目無意義の運命でなくつて此処に神の正義の発現を認」め、それに対して「感謝して服従する」ことを提示している。なぜならば「運命に順従することは天父の愛に順従し其深謀遠慮の御経綸を奉ずる」（二一六頁）ことであるからである、と。

『運命と信仰』にみえる柏木の行論をたどってみると、運命論に関する儒教、仏教の思想を列挙し、それらよりも優越するものとしてキリスト教の思想・信仰を高挙していることがわかる。しかし、そのこと自体はさほど驚くようなものではない。問題は、運命の問題を説くにあたって、儒教の思想に多分に依拠していたことである。キリスト教信仰を是としたうえでの行論であるはずなのに、肝心のキリスト教的メッセージは案外少ないのである。せいぜい「耶蘇基督は神を代表して此世に顕現」したこと、「神は天父にして仁愛と正義とを其性と為し玉ふ」（一六頁）などにすぎない。「日本の正気を維持したるものは〔仏教ではなく〕寧ろ儒教である」(8)というのがおそらく彼の本音であろうが、その思惟を彷彿とさせるに足る論の展開である。ことさらに中江藤樹や張横渠を持ち出しその思想を紹介したうえで、それらを「孝順」を促す思想としながら、しかし、「力の少い」と歯止めを付して評していることなどはその現われとして了解できる。

三　『基督教の神観と人観』

この書も一九一六年、警醒社書店から刊行された。「前編　基督教の神観」と「後編　基督教の人観」とに分かれ、内容は冒頭に挙げた四書のなかで最も体系的である。「前編」では「基督教の神観」に関してつぎの八条を挙げて総括している。すなわち、

（一）基督教の神は宇宿《（ママ）》万有の創造主也
（二）基督教の神は宇宙万有の維持者也
（三）基督教の神は宇宙の主宰者也
（四）基督教の神は宇宙唯一無二也
（五）基督教の神は霊なる神也
（六）基督教の神は人格的の神也
（七）基督教の神は愛の神也
（八）基督教の神は義の神也
（九）然らば吾人は如何にして神を識らん

である。これら自体はキリスト教の文脈では特段めずらしい説ではないが、それぞれの論点について述べられた柏木の見解こそがこの際重要である。

このうち、まず（一）のなかで仏教と神道について言及し「仏教は神の創造を否む所の宗教である。此点に於て基督教は決して仏教と両立しない。基督教の神は人間の豪い者を祭ったものではない。此点に於て基督教は決して神道と相容るゝことが出来ない」（二頁）とする。

たしかに仏教にはいわゆる世界創造の観念が欠如し、神道において現実に生きた「豪い者」を祭ることはしばしば行われてきている。こうした点は柏木のいう通り、キリスト教思想とはまったく異なるものである。しかし、それは単にそれぞれ両者間の相違、ということであって、けっしてどちらかの優位を示す指標ではなかった。柏木としては、これらの相違点を列挙することで、キリスト教の仏教、神道に対する優位性を含意した独自性を明確にするところがその目的であったと思われる。

また、（六）の「人格」に関して、「人間の本体たる霊性は人間以上の人格に触接せざる限り決して満足しないのである。故に儒では天は理也との理屈で満足が出来ない所から、皇天上帝と云ふ人格的らしき見方を為し、仏では非人格の真如で満足出来ない所から、仏陀と云ふ人格を立てゝ来るのである。天は理也とか神は理法也とかそんな器械的のものではない」（七頁）と展開している。

この「人格」という論点は柏木にとってきわめて重要な概念のひとつであった。そこで「人格」の概念の重要性を前提としたうえで儒教、仏教と対照させる。なるほど儒教や仏教に欠如していることの概念を強調することでキリスト教の「人格」神について説く。儒教、とりわけ宋学にいう「理」と仏教の「真如」の相関性は思想史的に認められる。しかし、それらと柏木のいう「人格」とは比較対照が可能なものであろうか。おそらく論理的に厳密には相い向かうものではないと思われる。「人格」とは神の属性について述べられることで、「理」や「真如」は神自身に比定されるべきものだからである。しかしそれはさしたることではなかった。この際、問題はキリスト教の重要概念である「人格」を否定的な言い方にせよ、儒教、仏教によって説明したことにある。

あるものを定義づけしようとして、○○ではない、△△ではない、という否定的なもの謂いはときに齟齬を生むことがある。それが神であっても同様である。それが「後編」に至って顕在化した。「後編 基督教の人観」ではその冒頭に、

天命之謂性、率性之謂道、修道之謂教（中庸）

大学之道在明明徳（大学）

を挙げたあと、創世記第一章二六、二七節の文章を挙げている。曰く、

神曰我儕宜造人肖我儕之像、使治海魚飛鳥性畜、亦治乎地、及匍地昆蟲、神乃依己像造人、造之肖神之像

人の本心は即ち神の肖像。所謂天之賦命したる性、陽明の良知良能乃亦是也（いずれも訓点を省略）

である。右に引用された『中庸』『大学』などの一文は柏木にとっては手馴れたもので、これらの引用は彼の文章に散見する。すなわち柏木には、「人間」を『中庸』『大学』、陽明学（の語彙）によって説明しようという意図があったと言ってよい。「中庸に天命之を性と謂ふとあるのも、矢張人間本来の自性は天の賦命したものだと云ふのであらふ」（一九頁）とまで言えば、「人間本来の自性」すなわち、人の本質・本性を『中庸』・儒教の語彙である「性」をもって説明することが明白となる。いうまでもなく、そのことによって、読者は儒教用語のニュアンスを通して「人間本来の自性」を理解することになる。

基督教の人間観は、人間を以て物質的肉体以上に超然たる霊的存在と見るのである。人間の本性は不朽不滅なる神の肖像であつて、亦不朽不滅である可き筈である。肉体は単に其霊性の衣たるに過ぎない。神が其性を分て人に賦与し玉ひしもの此れ人の霊性である。（一九頁）

『中庸』『創世記』などからこのように、〈神の肖像としての人間〉観が見出された。さらに柏木曰く、人間は、皆各自不朽不滅なる尊貴無比なる神の肖像を我が自性中に有て居る。……人は此の自覚を得て神性即ち愛が泉の如く心奥より湧き出で、此に始めて心中無限の満足あり、死生の表に超然たることを得るのである。此に人間の真幸福があるのである。（二一頁）

神が自らの「霊」「霊性」「性」を人に分与することで、人は神の「性」を内在させたものとして物質以上の「霊的存在」、我が自性中に「神の肖像」を有する存在と化するのである。もちろん、聖書にも、人には神の霊が内在しているという趣旨が明確なテキスト(9)はある。しかし柏木はそうした箇所を用いることなく、儒教の「性」および「肖像」という語彙、概念を援用することで人間を説明したということである。別の言い方をすれば、こうした「神の肖像」概念が形成されるにあたっては、聖書だけではなく、儒教の古典も肯定的文脈で援用されていた、のである。そして念を押すように、中江藤樹からの引用も加えられる。藤樹の啓蒙書『翁問答』から、

我れ人の身の中に至徳要道と云へる天下無双の霊宝あり、……此宝を求め学ぶを儒者の学問と云ふ

我が身は父母に受け、父母の身は天地に受け天地は太虚に受けたるものなれば……

などである。これらは「此れ人の霊性は神の肖像なれば、信仰を立て、徳性を養ひ、以て神の形に同化せんことを希ふ基督教に太だ似たるに非ずや。……所謂太虚神明の本体を具体的に形象を以て炳乎火を睹るが如く明に顕彰したるものではないか」（一二三頁）と全面的に肯定的文脈として引用された。〈人は神の肖像である、信仰によって徳性を養う、そして神の形に同化する〉ことを柏木は「基督教」の思想・信仰である、という。しかし、ここに挙げられた中庸、大学および藤樹『翁問答』からの引用によるかぎり、「神の肖像としての人」という思想を汲み取ることは可能であろうか。たしかにさきの創世記の一節には「肖」の語はあった、が、儒教の古典や藤樹の文章にはそれはないし、またそれに近似した語彙もない。柏木にとって、「神の肖像・似姿としての人間」というコンセプトはきわめて重要なキーワードであったといえる。しかし、それを補強するために儒教関係の書物からの引用した数節には「肖（像）・似姿」の語はなかった。ということは、創世記の「肖像」論を儒教の思惟によって説明、補強したのは、まったく柏木の独自性であったということである。

そしてさきの引用は、

而して此の神徳広大不測なる純潔無垢、聖の聖なる神人イエスが、十字架上に其宝血を流しても、尚ほ救ふに足るとせられたる人間の霊性こそ実に所謂天地の徳、万物の霊と謂ふ可きではないか。（一二三頁）

と続く。やや性急な運びでイエスに言及されている。神の肖像としての人間は徳性を養って可能なかぎり神に近づく・キリストの「像」に「化」す、そして「聖の聖なる神人イエス」の血をもって神がその「天地の徳」を湛えた「霊性」ある人間を救う、というのが柏木の論理展開である。

ただ柏木はリアルな認識も持っていた。すなわち、

人間は、一面は神の肖像を衷に具備したる神の子なれども他の一面は痛ましき哉罪の子である（二一四頁）

人間は明徳……神の肖像を有せる神の子であるとは一面の事実である、然れども亦其明徳を汚泥の中に蹂躙して自ら欺いて矜つて居る罪の子であると云ふことも亦他の一面の事実である（三二二頁）

などである。「神の子・神の肖像」であるとともに同時に「罪の子」でもあるという人間の属性——きわめてリアルな——がここにあった。人は神の子であり、神の肖像ではあるが、けっして神と同一化することはあり得ない、それはイエスのみ為し得るのだ、というキリスト教信仰の大前提はここにも厳然と確認されていて、柏木がそれを超えることはない。

四　『天地創造と神子受肉』

この書はさきの『基督教の神観と人観』と同じ一九一六年に、同じ警醒社書店から刊行され、最後に「附録」として「贖罪論」を付している。

冒頭に、「天地創造と神子受肉」に関する聖書の該当箇所として創世記第一章、ヨハネによる福音書第一章一四、一八節、コロサイの信徒への手紙第二章九節およびフィリピの信徒への手紙第二章六節〜八節の本文を挙げている。(10)

この書でも冒頭の創世記第一章の〈「神の肖像」としての人間〉論がまず述べられる。曰く、「其〔創世記〕の三大思想とは、霊なる神が此の世界を創造し玉ふたと云ふ事、神は其世界を観て之を善と観玉へりと云ふ事、人間は神の像に似せて創造られたと云ふ事であります」（五頁）である。すなわち柏木には、神による天地と「肖像」としての人間の創造とはひとつのことで不離のものとして理解されたということである。

この「創造」は他の神話が語る創造説話とは次元が異なり「人間の思ひ及ばない思想・破天荒の思想・天来の思想」（八頁）であるとして、ついで仏教思想を批判する。神が善しとされたこの世界を法華経では「火宅」といい、浄土信仰では穢土という、ではほんとうに「果して此の世界は悪しい世界で、神の造化の工は全然失敗で其の善と観玉ふたのは誤謬であつたでありませうか」（一〇頁）と問う。そうではなく、この世界はまことに「善」いものなのである、「科学も文芸も其本来の天職は、創世記第一章の神之を善と観たまへりとの語の註釈を草するものに外」（二二頁）ならないのだ、と。ちなみにここにいう「天職」とは「神聖な職務」（『日本国語大辞典』）といった意味であろう。

神の創造の最後の作品「吾人々間は神の肖像であつて、万物の上に立て之を治むるを許された」「実に光栄」な存在である、ただまだ「未だ完成したのではなく、未製品」である（一四頁）、そして「自由」であるゆえに人間は他の被造物とは異なり「尊貴・光栄・権威」（一五頁）をもつのだ、と。神は天地を「教育場」として人間を「御教育」するために創造した、しかし人間はけっして神に近づく、ましてや同一化することなどはあり得ない、したがって「唯神の活ける顕現なるイエス、キリストのみ之〔神の顕示〕を為し得る」（二二頁）のである、と。

叙述の終わりにあたって、柏木は「若し神子受肉の恩寵がなかつたならば、それこそ此世は徒らに火宅のみであります、穢土のみであります」といい、自作と思われる「いたづらにうしとないひぞあめつちの神のみ子すら世にはすみにき」という歌を付け加え、
（ママ）

天地創造が画龍であれば神子受肉は点睛であります（二四頁）

と結んだ。これは神学的にいえば、旧約と新約とのイエスにおける統合・完成、というオーソドッ

クスな教理理解であろうが、柏木はこのことをこのようにして為し得たのである。これはキリスト者・牧師であるならばいわずもがなのことであるということかもしれないが、じつはことはそう簡単ではない。教理をオーソドックスに理解し、それをそのように伝えることはレーマンのキリスト者にとっては当然としても牧師にしても至難の業であろう。柏木義円は、仏教や儒教の思想から多大な思想的影響を被りながら、それでもなおキリスト教教理の重要な枠をまったくはずしていないのである。これは驚くべきことである。たとえば、大正期の組合教会の朝鮮伝道計画における海老名弾正などの言動と対比すれば足る(11)。

このあとに「附録」として「贖罪論」を付す。この箇所における叙述は前編、後編とさほどの違いはなく、本編の確認・繰り返しのように見える。ただ「聖書の教に依れば、我儕は信仰に由て基督の中に生き居る者で、基督と我儕は全く一体で最早別人ではない」（四六頁）といった文章もあり、柏木の〈ゆれ〉を感じざるを得ない(12)。

おわりに

以上、柏木義円の四つの著書、『霊魂不滅論』『運命と信仰』『基督教の神観と人観』および『天地創造と神子受肉』の思想について考察した(13)。これらの書は、いずれも執筆内容に関してとくに書肆や編者などからの特定の依頼はなかったようなので、著者柏木としては自由に論題、内容を選択することができた。しかし、著書としてこれらがなんらかの体系をもっていたのではないので、それぞれを単発の書として扱うことになる。霊魂不滅、運命、神と人、受肉といったキリスト教にとってどれにしても重要な思想的、教理的な意味をもっている問題について、柏木は果敢に挑戦した。そしてそれらは、安中教会の礼拝説教の場で、柏木自身がつねに語っていたことがらでもあった。したがって、柏木にしてみれば、こうした重要問題を特別に扱ったのではなく、日常的に語っていたことを何事もなく著書のかたちにまとめた、ということであった。

これら、一まとめにしにくい四書をあえてまとめるとすれば――以上の経緯から、柏木義円自身の思想を端的にまとめることにもつながるが――、それは、「神の肖像」への拘泥ではなかっただろうか。直接には創世記に由来し、柏木によれば『中庸』『大学』といった中国の古典の意図を承けた「神の肖像」論である。『中庸』『大学』などは中国の古典というよりもむしろ儒教の古典、というべきものである。すなわち、思想史的な言い方をすれば、柏木は、儒教思想――なかでも陽明学にシフトしたそれ――を充分に読み込みつつ、自身のキリスト教理解を形成していったのである。もちろん、このことは柏木義円が儒教とキリスト教、あるいはこれに仏教を加えて、これらの諸宗教を習合した、ということではまったくない。けっしてこれは習合ではない。柏木義円の独自の思想形成の所産である。彼は、儒教、仏教に多くを学びながら、それらを排除せず、自身の思想形成の有益な材料とすることを可能とした。このことはひとえに、柏木義円の思想的な〈自由〉のゆえであっただろう。この〈自由〉は何に由っていたのだろうか。それはいうまでもなく、彼の主体的なキリスト教理解以外のなにものでもなかった。もちろん、この「主体的」という語は「恣意的」という意味ではない。城下町にして農村でもあった安中にあって、この地の教会に仕えながら、自分自身の思想を形成していった、そのあゆみのことである。その結実のひとつが「神の肖像」論であったといえる。「人は、神の肖像（似すがた）のごとく、基督に倣って生きるのだ」という単純な信仰がそれであった。

柏木はこれらの著書を執筆する際、その内容（主題）、分量、書き方などについて書肆などから特定の指示を受けていないので、著者としては自由な立場で、自由に論を展開することができたと思われる。そのなかでこうした論題、内容を択びとったということは、おそらくそこに彼のいわば「本音」が過不足なく表わされているとみてよいだろう。そしてその「本音」の中心にはやはり、「神の肖像」としての人間・神はご自分に似せて人間を造った、というメッセージがあった。

キリスト者柏木はこのメッセージを福音として受容した。しかるに、その思想の受容、形成に際して最大の根拠が創世記第一章であったことはいうまでもない。しかし、そこでは『大学』『中庸』、王陽明、中江藤樹、そしておそらくは熊沢蕃山もが肯定的な文脈において用いられていた。こうした思想的営為は、けっして儒・基の習合といった表面的な評価を受けるべきではない。柏木義円という人格の内面において、キリスト教信仰の堅い基礎のうえにこのような思想が熟成、再構成されることによって独自につくりあげられたものである。

ただたいへん興味深いことは、このようにして形成された柏木のそうした信仰が〈金剛のごとき〉ものではなく、〈ゆれ〉をもっていたということである。じつは、このことは人間の現実そのものかもしれない。

弥陀の光明に照らされまゐらするゆゑに、一念発起するとき金剛の信心をたまはりぬれば、すでに定聚の位にをさめしめたまひて……（『歎異抄』第一四章）

天にをどり地にをどるほどによろこぶべきことをよろこばぬにて、いよいよ往生は一定とおもひたまふなり。よろこぶべきところをおさへてよろこばざるは、煩悩の所為なり。（『歎異抄』第九章）

註

（1）星野達雄『星野光多と群馬のキリスト教』（星野光多と群馬のキリスト教刊行会・キリスト新聞社、一九八七年）。当初、特定の教派に属さない独立した教会として発足した西群馬教会は、一八八八年三月に組合教会に加入した。

（2）管井吉郎『柏木義円伝』（春秋社、一九七二年）。

（3）『霊魂不滅論』三頁。以下、頁数のみを記す。

（4）伊藤証信は三重県の在家に生まれたが、のち真宗大谷派の僧籍に入り真宗大学（現・大谷大学）研究院に学んでいる。吉田久一『改訂増補 日本近代仏教社会史研究 下』（吉田久一著作集6、川島書店、一九九一年）によれば、伊藤が「回心《エシン》」を経験したのは一九〇四年（明治三七）八月、父の看病中であった。伊藤はすでに真宗の教義と教団の現状との乖離を感じており、その翌年に大谷派の僧籍を返上している。大谷派といい、教団に対する懐疑といい、仏教者とキリスト教牧師という今の身分こそ違え、伊藤と柏木とのあいだには共通点があった。

（5）日記の一九一一年（明治四四）七月二二日条。この係年は『霊魂不滅論』の後のものであるが、明治末期には地域におけるこうした言動に至る神道政策が進んでいた。

（6）なおこの箇所は編者星野が本書冒頭の「紹介の辞」に「特に大なる興味と満足とを以て通読した」と記した箇所のひとつである。

（7）そのように理解できるのは、「常人」の甲児、儒教の乙児、仏教のなかでも低次元の丙児、高度な丁児、そして最高のキリスト教を暗示する戊児、という叙述の順序による。

（8）『天地創造と神子受肉 附録贖罪論』（警醒社書店、一九一六年）付録二八頁。柏木が考えた、日本における儒教の歴史的役割としては「正気」を維持してきたことであり、仏教（なかんずく浄土真宗あるいは親鸞）の歴史的役割はまた別のところにあった。

（9）たとえば新約聖書、「コリントの信徒への第一の手紙」三・一六「あなたがたは、自分が神の神殿であり、神の霊が自分たちの内に住んでいることを知らないのですか」（現行、新共同訳聖書による）とある。

（10）新約聖書では、「フィリピの信徒への手紙」のつぎに「コロサイの信徒への手紙」が収載されているが、ここの引用では順序が逆である。

（11）土肥昭夫『日本プロテスタント・キリスト教史』（新教出版社、一九八〇年）などに詳細である。

（12）「附録」の最後の部分で、「悔改認罪」に関して、それは必要だとしながらも、「基督の十字架を外にしては能く神の義に対する丈けの深き悔改認罪はあり得ない、去れば我は我浅薄なる悔改の功に由て救はれたりなど云ふことは思ひも寄らぬ……」（四八頁）という。そして稿を終えるにあたって、親鸞の言行録である『歎異抄』の「善人なおもて往生を遂ぐ云々」のいわゆる「悪人正機説」に言及している。そして『歎異抄』のその思想は「不健全の嫌あり、其の純他力の唱道は我基督教に似たる所はあるが其罪観の根底に於て大に異なる」と言いながらも、あえて『歎異抄』の当該箇所（第三章）の全文を挙げている。儒教が歴史的には日本の「正気」を維持するのに貢献してきた、という柏木の見解とは別に、仏教の歴史的、思想的役割について彼がいかに考えていたのか、は重要である。

(13) ただ、単独の著書のうち『希伯来書略解』だけは特定のテキストの講解であるため、本書Ⅱ部第1章で考察した。

第3章　柏木義円における二つの〈普遍〉

人の本心は即ち神之肖像所謂天之命じたる性、陽明の良知良能乃亦是也
（『上毛教界月報』第一二五号）

はじめに

柏木義円の優れた伝記である片野真佐子『孤憤のひと　柏木義円——天皇制とキリスト教』（新教出版社、一九九三年）によれば、柏木は幼年時代に義兄である関大解から漢文の素読や経典を学んだという。のち、同志社卒業後、草創期の同校で漢文を教えた経験もあるので、幕末に生まれ、明治初期に幼年時代を送った知識人の通例に漏れず、彼には漢文・儒教の経典に関する基本的知識があったことがわかる。つまり、柏木は、幼少年時以来の漢文および（真宗教学を中心とした）仏教の素養という、いわば伝統思想の土台のうえに、青年期に新島襄や同志社などを通してキリスト教に触れ、キリスト教思想を福音として受容したわけである。

この点については、たとえば、同時期のキリスト者である植村正久（一八五八～一九二五）や内村

鑑三（一八六一～一九三〇）などが、しばしば「武士道」的という形容語句をもって評されるのと同じような意味があるだろう。彼らが「武士道」なる、幼少年期に受け容れた伝統思想のうえに青年期にキリスト教思想をのせて、生涯の思想及び人格を形成したように、柏木の場合は、儒教および仏教の思想をかなりしっかりした基礎的教養としてもっていたうえにキリスト教思想を受容したわけである。以下、本章では、明治末期から大正初期のころの柏木の思想の、〈普遍〉的指向ないし要素について、とくに儒教思想との関連に視点を絞って考察する。[1]

一　『陽明学新論』

一八九七年（明治三〇）八月、柏木義円は、父祖ゆかりの安中の地の教会に牧師として赴任した。その翌年から群馬地区の組合教会の伝道誌として『月報』を創刊し、以後長らくその誌面を通して警世のことばを発し続けたことは周知のことがらである。もちろんそれは牧師・伝道者としてのいとなみであったが、同時に思想家としてのそれでもあったといえる。

一九一二年（明治四五）二月一三日の日記[2]には「〔『月報』の〕前橋ノ会計ハ事務ニテ―我教会ノ会計ハ祈リニテ―我教会ノ長所ヲ保存セザル可ラズ」と記し、そのあとに自らの書店への支払い金をメモしている。購った書物のなかに、『須因頓氏英文学詳解』や Philip Mauro の *The Number of Man*、『欧米文明論』などに混じって『根本仏教』『仏教哲学』『真宗ノ教義』『日蓮上人ノ教義』

『平田篤胤全集』などの日本思想、仏教思想の専門書が少なからず入っていた。このことから柏木が、キリスト教関係の書物のみならず、こうした分野の書物を牧師・伝道者として、いわゆる脂ののった時期にあっても日常的に読んでいたことがわかる。(3) 彼の日記のなかのこのようなメモに記載されてはいないが、柏木がかなりの熱意をもって読んだと推測される書物のひとつに『陽明学新論』（以下、『新論』）がある。この書は、高瀬武次郎によって、東京日本橋　榊原文盛堂から明治三九年八月に一円三〇銭の定価で刊行された。七章と付録からなり、全体で四二四頁の陽明学の概説書である。(4) おそらく柏木は、この書を刊行直後間もなく購入して読んだものと思われる。

柏木の場合、仏教についていては、その思想面でも実際面でも彼はかなりの知識、情報をもっていたと思われる。(5) その彼が『新論』を読むことで、おそらくそこに求めようとしたことは、仏教の場合と同様、儒教と比較したとき、彼の依って立つキリスト教思想は、どのような位置づけをすることができるか、その場合の比較思想的観点からの哲学的根拠如何、ということではなかったか。その期待に『新論』はどう応えてくれたのだろうか。以下、柏木による『新論』の読みを検討しつつ、その点を考察してみたい。

二　心の議論

柏木は『新論』を読むにあたって、興味、関心をひかれた箇所に傍点を施し、またときには欄外に本文を抜書きしたり、コメントを書いたりしている。

およそ、人が本を読んで、本文に傍点を施したり、書き込みをしたりするとき、その人なりの作法にしたがうように思われる。『新論』の場合、本文は、著者高瀬の文と王陽明らの著作から引用した漢文とから成る。本文への傍点は、著者高瀬の見解に対する賛意を、王陽明らからの引用文中の傍点は、その筆者である王陽明らへの賛意を表わしていると見てよいだろう。逆に、それらの見解に反対の場合は、その由の書き込みがされている。また、原典の引用された部分の一部だけに施された傍点は、引用部分の全体ではなく、とくにその部分に対して柏木がなんらかの関心を覚えたらしいことを示唆する。あらかじめ、この程度の柏木の作法を確認しておいて、『新論』への彼の取り組みを見、そこから彼の読みとったところを再現してみたい。

第一章第二節に陽明の年譜を四行引用したなかの、陽明の「吾焉能以有限精神為無用之虚文也」（吾焉んぞ能く有限の精神を以て無用の虚文とせんや〈引用文中の返点は省略〉）という嘆きのことばに傍点を付す。高瀬によれば、これは陽明が「仙釈二氏を棄て」（仙は道教、釈は仏教をさす。八頁）て「聖学」（儒教）に帰したことを指す。直後には、陽明が「仁侠之器・騎射之習・辞章之習・神仙之習・仏氏之習」（仁侠之器は男だて、騎射習は武士としてのならい、辞章習は文章を練ること、神仙之習は道教の信仰、仏氏之習とは仏教信仰をさす）の思想的遍歴の後に、「聖賢之学」（儒教）に帰した由の引用もある（一〇頁）。親鸞の文章も知っていた柏木がこの部分を読んだとき、かの北魏の曇鸞が「仙教を梵焼して楽邦に帰」したと記す正信偈[6]の一節を想起し、自らを曇鸞になぞらえたのかもしれない、というのは読み込みすぎであろうか。かくして、陽明そして、自らは、仏教、儒教などの他思想、他宗教などとの間の葛藤を経て、帰すべき思想、信仰に到達し得た、という確認を柏木は『新論』の冒頭部分ですることができた。

さて、『新論』によれば、陸象山の学問を経て形成された陽明学は、まず心学であることが冒頭から強調される。すなわち、存在論的大前提として「心即理」という命題が掲げられて、「所謂理とは大にしては宇宙に遍満充塞する所の理即所謂自然法にして小にしては吾人心裏に具ふる所の理、即所謂道徳律是れなり。……本心とは即ち陽明の所謂良知なり宇宙の理は即ち人心に具備する所の理是なり」（二〇頁）、「抑も心即理とは遠くは宇宙万物の理は心に備はるの謂にして、近くは人倫百行の標準は心備はるの謂なり」（七七頁）という高瀬の文に傍点を付し、欄外に「我心ヲ窮レバ以テ宇宙ノ理ヲ知ル可シ、以テ人倫百行ノ準則ヲ知ル可シ」「理トハ自然法ニシテ道徳律ナリ」（七七頁）と書き込んだ。これらによれば、自然法にして道徳律たる理を人の心にうけたものが本心、その本心は則良心であり、その心を「窮」めることで宇宙に遍満している理に迫り、倫理を体得できることになる。そこで、「心即理トハ本心即良知ヲ云フ」（七八頁）なるコメントをつけ、「均シク此理ヲ天ヨリ与ヘ乍ラ何故ニ邪知ニ陥ルモノ多キヤ」（同）と素朴な、そして実践的な感想を記すことになった。

しかし、理について陽明学の側からいうところは、以上のように汎神論的な性格が強いのでこのまま引きずられると、柏木にとってキリスト教理解において不都合な点もでてくる可能性もあるので、その点については、「王子ノ理ハ狭義道徳律、広義ニ云ハバ心ニ求メテ果シテ天文地質動植ノ理ヲ知リ得ルカ」（八五頁）と欄外で自らに確認し、高瀬の「陽明の意見は最初より人事上に限りて自然界には及ばざるなり」に傍点を付す（九二頁）。

このように、まず、心即理という真理を知ることの重要性が強調され、それが「行」に発展していくとされる。「然れば真知は即行と為り、行なきときは未だ真知と謂ふべからざるなり」の高瀬の文（九五頁）、「君子以識為本、行次之」（君子は識るを以て本とし、行は之に次ぐ）の『二程全書』からの引用（一〇三頁）に傍点をつけた。ここには、真理を知る・識る、という「知識」から実践が始まるという認識がある。陽明学では、これはいわゆる知行合一とされる思想にかかわるものである。聖書的文脈では、たとえば「ウェホバを畏るゝは智識の本」（箴言一、七頁）、「ウェホバの霊とゞまらん　これ智恵聡明の霊　謀略才能の霊　知識の霊　ウェホバをおそるゝの霊なり」（イザヤ書一一：二〜二、ともに一九〇〇年〈明治三三〉刊行、大日本聖書館発行の『聖書』による）などのように、「知識」（「智識」）は「主」を知り、その働きを認識することというふうな、特別の意味が付与されている。おそらく、こうした文脈をふまえての傍点であろう。「知識」とは、あくまでもわれらの「主」を知ることであって、けっしてたんなる主知主義的な関心からの発言ではない。信仰、倫理はこの「知識」からはじまるのである。その意味で、こうした「知識」はきわめて倫理的な性格であったことがわかる。換言すれば、「知識」の倫理的な性格において、柏木のキリスト教思想・〈福音〉理解と陽明学とがひとつの接点をもった、ということであろう。

さて、具体的には、知を前提にしたうえでの「鍛錬」が必要となってくる。傍点こそ施していないが、高瀬の「此世界こそ真に人の生れて活動し且つ死すべき楽土なれ他には此より善美なる楽土あることなし、此世を去て他に楽土を求めよと説くは迷溺せる煩悶者の哀訴なり、而かも此哀訴は遂に可かるゝことなかるべし」（二七頁）の欄外に、「我教ノ此世ヲ鍛錬ノ教場ト為コレ已大ナリ」と書き込んでいる。この世以外の別世界にではなく、じつに我々が生き、死ぬこの世界の中に楽土を建設するという陽明学の直接的な行動性ないし倫理性を、柏木はそのまま、立てるべき彼のキリスト教倫理にふたたび据えようとする。[7]「鍛錬」は、陽明学においては、良知良能の訓練として万人に普遍的に要請されるものであった（一一五頁、一一七頁）。その箇所で、柏木は、「人ノ体力モ他ヨリエノ《ママ》ルギーノ材料ヲ得ザル可ラズ、然レドモ亦自ラ努力運動セズンバ其力発揮セズ□□□ヲ致サヾル可ラズ　良知モ之レニ同ジカラザルカ　外ヨリ滋養ヲ得ルノ必要アラザルカ　聖愚共ニ在リ」「角力モ常人モ食スルハ同ジケレドモ角力ハ能ク其力ヲ致スナリ」と書き込んでいる。

柏木独特のユーモラスな表現も交えながら、良知に至ること、つまり誠は、普遍的にして平等であり、愚夫愚婦も聖人とともに同じ良知良能をもつことを叙述にしたがって確認する。皆等しく良知に至るためには、人体が生きて運動するために外部から「エノルギー」を摂取することが必要であるように、やはり外部から「滋養」を摂らなければならないという。この、外部からの「滋養」とは、当然、福音を意味しよう。こうして、柏木は、高瀬の説く陽明学の学説に対して、至良知というその修養論をキリスト教の側に置き換えようとするのである。

そうして修養の果てには、陽明学では、人の良知の本体に達するとされる。良知は、その本体が「心の昭明霊覚なるもの」、用は「昭明霊覚なる心、即ち知情意の三作用が或行為に対して発現するもの」と定義される状態になることを柏木も傍点で確認している。しかし、この良知にかかわる、陽明学の楽天的解釈についてはすでに柏木は本質的ともいえる疑問を呈していた。高瀬による本文の、「道心・人心」「天理・人欲」「本心・私心」など具体的に展開される「良知」と「邪心」との区別を述べた箇所で、各語群の前者が「人心中の神聖高尚なる者」、後者が「大抵劣等にして汚濁を免れざる者」であるとする部分の欄外で柏木は書き込む。すなわち、「何故ニ同ジ心ノ中ニ神聖高尚ナルモノト劣等汚濁ナルモノトアルヤ　劣等トナルハ外物ノ誘陥ノ為ナリ　深ク心ヲ求メバ神聖ナルモノノ発揮スルノ意カ」である（八〇頁）。これは、二頁前の「均シク此理ヲ天ヨリ与ヘ乍ラ何故ニ邪知ニ陥ルモノ多キヤ」という書き込みとともに、人心についてのきわめて具体的、実践的な疑問を投げかけたものである。柏木はこの当然ともいえる疑問を呈することで、この陽明学的な心の議論について、異議を申し立てているのでないだろうか。次節でふれるように、柏木の捉えるキリスト教思想によれば、人はあくまでも神の「肖像」であって、部分的に善や悪であるはずはない。本来は「神聖」性を発揮できるものであるはずの心が、なんらかの「外物ノ誘陥」によって劣化することもある、ということを柏木は、（自他の）実際の経験から熟知していたのであろう。こうした心の理解は、陽明学の理解から彼が学んだ、大事なことのひとつであったとともに、牧師・伝道者としての柏木には避けて通れない疑問でもあったといえる。陽明学風にいえば至良知、（組合）

教会風にいえば、倫理的に生きようとする志向のもとでも心の「鍛錬」は、まさに彼の信仰の中心的関心事であったのである。

三　神の「肖像」

陽明学の妥当する領域を「人事上」に限定し、その汎神論的性格を希釈しておこうとする柏木の試みは、必然的に、陽明学のもっている天地万物一体観を否定せざるを得なくなってくる。天地万物一体観とは、この場合、汎神論的一元論的神観念というべき世界観である。『陽明全書』巻二からの「夫人者天地之心、天地万物本吾一体也」（夫れ人は天地の心、天地万物は本と吾と一体なり）にはじまる引用に傍点を付し、その欄外に柏木は「万物一体観コレ理屈ノミ吾人取ラズ」とコメントしている（三九頁）。

しかし、微妙なことに、別の、陸象山について言及した部分では、高瀬の「人ハ天地万物ト共ニ皆無窮ノ中ニ在リ」という文章（高瀬の文章は、漢字平仮名文であるが、柏木の抜書きは、漢字片仮名体である）を欄外に抜書きし（七四頁）、高瀬の「吾人の思想の法則は即ち大我にして我は即ち小宇宙なる所以なり、斯かれば人を以て宇宙の肖像と為す……。吾が具有する所の心及び其理と同一なり」（七五頁）に傍点を付けている。柏木の、前者の抜書きのいうところに対する賛否をただちに判断はできないが、万物一体観に関して彼がキリスト教の考える世界観と陽明学のそれとのあいだで、その差異を見極めようとしていたことはまちがいないであろう。

確かに、柏木が到達したであろう、この差についての認識は、微妙ではあるが、明らかと思われる。人は万物と「共ニ」いるのであって、けっして万物と一体である、というのでない。万物と一体ではないが、大我なる大宇宙のなかの小宇宙、人はその意味で宇宙の「肖像」であった。この、けっして我は万物と一体ではないが、万物と「共ニ」いる、という到達点は、人と万物との間のある種の連帯感を示している。微妙な相違ではあるが、汎神論的世界観そのものではなく、そこに親近した思想といえる。そのポイントは「肖像」という語にある。この語が柏木において、陽明学と聖書とを結んだ。

「肖像」は旧約聖書創世記において、神による世界創造の神話が語られるときに用いられた語であった。前掲の文語訳では、「神言給けるは我儕に象て我儕の像の如くに我儕人を造り之に海の魚と天空の鳥と家畜と全地と地に匍ふ所の昆蟲を治めんと　神其像の如くに之を創造之を男と女に創造たまへり」（一、二六～二七頁）となっている部分である。さらに『月報』第一二五号（一九〇九年）の「基督教の人間観 上」の冒頭に、中庸の「天命之謂性。率性之謂道。修道之謂教」（天の命之を性と謂ふ、性に率ふ之を道と謂ふ、道を修む之を教と謂ふ）、大学の「大学之道在明明徳」（大学の道は明徳を明らかにするに在り）を列挙したあと、「人の本心は即ち神之肖像所謂天之命じたる性、陽明の良知良能亦是也」と「人の本心」を創世記、中庸、陽明によって独自の性格づけをしている。

本来、「神」は、人にとって外在するものであり、絶対的に人とはひとつにならない人格的存在である、というのが伝統的ないし正統的なキリスト教の大前提であったはずである。しかし、ある種の儒教的な方法でここに接近しようとするとき、そこに影がきざす[8]。高瀬の「神とは至誠を抽象的に想像したる霊物に外らなず……真の神は人心に在り、天に神ありと見ゆるは心内の真神の影子なり」（三〇頁）に傍線を引き、「人は仁義を全くし得く、其の不善を為すは外界の不善なる刺激即物欲陥溺に由る」（六六頁）に傍線を付した柏木の心裡には「外物」には果たして神が在ましたまうのか、あるいは高瀬のいう「不善なる刺激物即物欲」があるのか、思想的、哲学的なレベルでは判断し難いものがあったのはないだろうか。「神は絶対に外在する」とする、キリスト教信仰による〈合理化〉を経なければ、柏木の神観念は論理的に矛盾を来すことになる。そこを免れることができたのは、「神の肖像」なる概念に依ったからであるといえよう。

そもそも人間は、神によって、神の肖像・似姿として造られたものである、というのが右に見たように、創世記の、そしてそれを承けた柏木の人間観であったわけだが、人間にとって神はあくまで外在していなければならなかった。しかし、そこに微妙な点が残ったことはさきに指摘した。創世記と陽明学とを独特の方法で習合して、独自の神観、人間観を形成したのは柏木の思想的いとなみの所産であるが、「肖像」に関して、同時代の植村正久のことばを瞥見しておこう。この問題は正面切ってのキリスト論に関するものである。いうまでもなく、植村は、柏木の属した日本組合教会と相並んだプロテスタントの教派である日本基督教会の指導者であった。そしていわゆる福音主義の立場の植村との論争の当事者であった自由主義神学に立つ組合教会の海老名弾正の見解も確認しておこう。佐波亘「神学上の論争」[9]に多くを負いつつ、論を進める。
はるか後年のことではあるが組合教会の小崎弘道が海老名の死去に際して適切に回顧している。曰く、海老名はドイツの神学者ハルナックの影響を受け、自由主義的新神学を主張したが、それは「日本主義、民族主義的な傾向を多分に有してゐた」、そしてその意見には日本基督教会の植村らが反対し、問題となっていた、明治三八、九年頃に植村らの福音同盟会が「聖書を以て信仰、行為の標準とし、基督の神性を信ずる」という福音主義を唱え、「正に日本に於ける神学上の論争として最も華やかな時代を現出した」（『基督教新聞』一九三七年〈昭和一二〉六月三日）、と。この論争は一九〇一年（明治三四）九月から翌年七月まで続いた。植村は『福音新報』誌、海老名は『新人』誌をおもな舞台とした。植村のことばはきわめて簡単にして明瞭なものであった。

余輩は神人となりて世に下り、十字架に死して人の罪を贖ひたるを信ず。而して余輩の信ずる耶蘇基督は活ける神のひとり子にして、人類の祈りを受け、礼拝を受くべきものなり。基督は人類より此上なき崇敬と愛とを受くべきものなり。此の信仰を主張し此信仰を人に伝ふるを以て主義とするは余輩の伝道なり。（「福音同盟会と大挙伝道」、『福音新報』第三二四号所収）

これに対して海老名は、逐一批判を加える。曰く、元来神は永久不変と承知致候処此永久不変の神が人と成り給ふとは則ち一大変遷にして自家撞着にては無之候哉。……仮に人と成り給ふ事の出来るとすれば、神が人と成り給ふたる以上は神は最早神にては有間敷く、全く人にて候かと合点致され候。猿族が進化して人類と相成たる以上は、仮令猿族の性質は尚遺存し居り候とも、最早猿にては決して無之全く人類にて候、神の人となり給ふたのも亦其の如くにては無之候哉。

さらに、

将基督は最早其人たるの性格を蟬脱して純乎たる神になり給へりと足下は信仰なされ候哉

とたたみかけて、

然らば人と成りたる神とは定めて聖三位の第二位〔子なるキリスト、の意〕を意味せられ候事と推察被致候。左候へば神、人となるの信仰は一転して三位一体論となるべき筈にて候。（「福音新報記者に与ふるの書」、『新人』一九〇一年〈明治三四〉一〇月一日、第二巻第三号所収）

と、このように海老名は粘り気のある文体で植村の論に対応した。これに対して植村は淡々と、貴殿近頃は如何に基督を御信仰なされ候哉。基督は人となりし神に御座候哉。之を神として礼拝し、之に祈禱し、之に向ひて神に尽すべき敬愛を献ずべき筈に候哉。神の子は父なる神を愛し、又愛せらるゝものとして、永遠無始に存在せられしと御認めに候哉。（「海老名弾正君に答ふ」『福音新報』第三三八号、一九〇一年一〇月九日）

と応えた。その後、海老名は「此の逆さ寄せに逢ひて周章狼狽せる者の如く、はじめの擬勢には似も遣らず、何故か其の主義を明言するを憚り、言を左右にし、馬首を回して退却」した、という（佐波前掲論文）。この評言は、編者の佐波が植村の女婿であるということとはおそらくまったく無関係に、現実に海老名の論争からの退場を描写したものであろう。今考えれば、ここでの海老名は、キリスト教信仰というものを、一般の論理を超えたものとして理解せず、いわゆるドイツ由来の「自由主義的新神学」にかぶれたという体の通り一遍の通俗的な論理を乱暴に持ち出したものといえよう。それに対して植村の言は、まったくオーソドックスで〈福音主義〉的であったにすぎない(10)。そこで、さきの柏木の「肖像」の問題にかえって、あらためて植村、海老名の議論を見てみたい。

植村はキリストと神との関係について、

人の霊魂は元と神より出づ。……耶蘇は神を父と呼べり。……基督教は神を父と云ふは、単に形容の詞を用ひしにあらず、神は実に父にて在ますなり。神は造物主なり。我等之に由て造られたり。此は人類を指して神の子たりと云ふ一つの意味なり。神はまた天をも地をも山をも川をも造れり。然るに独り人のみの父なりといふは何故ぞ。山川は神と其の類を異にす。然れども人は神と其生を同じうし、善悪を弁別し、之を選択するの利器あり。殊に霊的のことを考へ且つ感ずることを得。人の人格的なる如く、神も亦人格的なり。神人実に相似たり。……聖書を見るに、神は常に父なれど、人は悔い改めて神の子となるとあり。言ふ意は自然の関係より云へば人は皆神の子なれど、道徳上より云へば新たに神の子とならざるべからざるとの義なり。……我等は耶蘇基督に於て具体的に神を見、其敬すべく愛すべく、身を尽して事ふべき父なるを覚り得るなり。(11)

と述べた。これは柏木のさきの文章のように創世記の当該部分をテキストとした解釈、説教ではないので、直接に「肖像」という語の解釈が示されてはいない。しかし、この二人のすぐれた明治期の伝道者の思想的な違いがうかがえて興味深い。植村の場合、神人の関係を、相互の相似性のみでは説かない。そこに「耶蘇」が介在している。さらに「自然の関係」と「道徳上」とのレベルの間の格差を認識し、「悔い改め」という人生上の契機を設めている。この点で柏木の思想を神学的に評すれば、キリスト論の欠如といえようが、それは措いて、両者の相違は際立っている。その相違が何に因るか、についての解答は難しいが、単に教派的な相違にのみ帰することは適当ではないだろう。おそらく、両者の儒教的思想の受容のありかたの相違に因るところも大きいように思われる。
また、海老名弾正についてつぎに見てみたい。海老名は若き日の柏木に安中教会で洗礼を授けた人物でもある。海老名の独自な宗教意識は「神子の意識」とされる。[12]海老名は神とその子たる人間について、[13]

吾人は基督に於て最も潔白な智識を見る。是れ神を認むるの智即ち天地の神をわが父なりとするの意識であつて従来世人の開く能はざりし所のものである。……基督は何故に此明白なる知識を有し給ふたか。是れ基督の性情の中に神たるの働きがあつたからである。英雄にして始めて英雄を知る。……神と類を同うせし所あるだけ神を明らかにしたのだ。否基督は神の像そのものであつた。活きた神の実体が基督の中に在つたのである。[14]

という。キリストの「性情」は神としての働きをもっていたからこそ、その中に神そのものである「実体」が存在していた。その意味で、キリストはまさに神の「像」であったわけである。キリストが神の像であるとはいわれるが、およそ人なる存在がそうであるとは海老名は言っていない。しかし、こうもいう。

吾人が基督の人格に於て、尊貴を見出し栄光に接触し、遂に其中に神性を認むるに至るは、実にクリスチャンの福音にして。人性に具はる尊栄を喜び、人類の真なる姿と大いなる可能性と、其無限の未来とを仰慕する所以なり。(15)

そして、キリストは神が人間となって世に現われた存在、とする「化身」（インカーネーション）説に関して、

神は人類の中に現存し給ふて人性の至聖至善なる所は即ち吾人が神と尊崇するものと同ふするものと考ふれば、真人は即ち神像ではないか。本来の神とは固より本来の別あるとも、性を同ふし体を同ふするに至つては、即ち一であらう。(16)

これらによれば、海老名は、人類の至善なるものは神と同類であり、キリストはまた神でもあるのだから、人（の至善なるもの、部分）はキリスト、そして神と同一であることになる。このように、海老名においては、人は自らの内側にある隠れた神性を磨くことによって（本来の神とは別だが、その）神と一致すべく宗教的に修養をしなければならない。ということになるのである。

このように、植村は神人の間にキリストを介在させることで、たんにその類似性については論ずることをせず、また、海老名は独特の修養論によって神と人とを同一化させるところまで説くに至った。柏木の「肖像」論は、彼らの拮抗した神人関係論を見るとき、きわめて思想的に細密な葛藤

を経た確かなものであったことがわかる。

四　天の性格

高瀬は、陽明学の立場で、天を有象的天（形体的天）と無象的天（有霊的天と無霊的天）とに分ける。そして、「天変地異」と「生生の妙用」との二原因によって、形体的天より「主宰的天」が生じると説く。天についてのこうした議論は読者柏木をしてきわめて関心をそそらしめたらしく、彼は各文章に傍点を付け、欄外に「有象的天」とか「有霊的天」などと抜書きをしている（一九一頁）。さらにそこには、主宰的天の別称として「上帝」「上天」の語も紹介されていた。これらのまとめとしての「（無象）無霊的天を命と理とに二分するが故に天には形体、主宰、定命、理法の四種の意義を含む者とすべく、主宰的天は宗教的にして理法的天は哲学的なり、定命的天は宗教哲学の両方に属するものとす」に全面的に傍点が施される。もちろん、柏木にとって意味のあったものは、右の天の定義のうち、その主宰性にかかわる部分であろう。つまり、柏木は、陽明学にいう四種類の天の性格のうち、主宰的性格のみをキリスト教思想との関連において肯定的に受容したといえる。

主宰性をもつ天は、上帝とも呼ばれること、そして宗教的性格をもつものであることが陽明学の側から説かれたわけである。柏木にとって、このように天という語で表わされる超越的存在が普遍性をもつものであるとすれば、高瀬による定義づけはこのうえない自信を柏木に与えたであろう。

このようにして、柏木は『新論』を読み、そこから彼のキリスト教思想を構築していく際に有益と思われる理論を汲み取っていった。柏木が『新論』から学んだことがらのうち何がもっとも重要であったかと言うことは簡単ではないが、少なくとも彼が、人間観、神観といったキリスト教思想の最重要概念を自らの内で確たるものたらしめるべき作り上げていくときに『新論』はかなり寄与したであろうことは間違いない。柏木にとって、キリスト教思想はいうまでもなく普遍的な価値をもつ思想、信仰であったのだが、それに劣らず陽明学の思想も〈普遍的〉であった。そうであったからこそ、彼のキリスト教思想に、陽明学からのいわば援用が可能であったのである。以上の考察から、その接点に示された柏木の関心の中心部分はとくに、人間論、心についての議論における本質論およびそこから派生する実践論であったといえよう。

右のようなありかたにおいて、柏木義円は、普遍思想としてのキリスト教思想を独自のものとしていったのである。

おわりに

以上、高瀬武次郎『陽明学新論』に対する柏木義円の読みを検討しながら、柏木における、ふたつの〈普遍〉のせめぎあいを考察した。高瀬のこの書によって、柏木がその思想の深化を遂げた時期に大きく裨益されたことは間違いない。この考察の結びを兼ねて、残された問題点の指摘だけなりともしておきたい。

そのひとつは、明治天皇の問題、そして、それに付随したこととしての乃木希典の「殉死」の問題である。これは、たとえば教育勅語に象徴されるような天皇制的価値体系のなにか、といった思想的ないし観念的なレベルのことではなく、いわば明治人・柏木義円の心性の非合理的側面にかかわることである。

明治天皇は、一九一二年七月二九日に死去した。柏木の日記によれば、このことを翌三〇日に教会近くの碓氷郡郡役所の掲示で知った。そしてそのために安中教会では八月四日の聖日礼拝を「大行天皇奉悼礼拝」として守った。そのとき、教会の内部は「質素ナル装飾ヲ施シ」、普段は粗末な和服に兵児帯姿の柏木自身は「フロックコートニテ説教」した。[17] 日記のこの前後の部分には、明治天皇の容態や天皇に「殉死」した民間人についての新聞記事の切り抜きなどが挟まれており、柏木がこの事態になみなみならぬ関心をもっていたことがわかる。たとえば、死去直前の七月二三日条に「二十ヨリ天皇陛下重態トノ発表アリ……聖上ヲシテ神の位地ニ居ラシメ道義ノアウソリチータラシメントスルモノハ誰ゾ」と記したようなキリスト教信仰に基づく、天皇神格化に対する原則的批判をも投げかけている。

ただ、柏木のこうした天皇への関心は、合理的な説明を拒むような一面をも伴っていたことを忘れることはできない。[18] 天皇の死の翌年になってもなお、「先帝陛下」を夢に見、そしてそれを記録したことなどはそのよい例であろう。「先帝陛下ニ召サレ共ニ語ラントシ玉フナリ」というもので、学校の教室らしき場所に、天皇、江原素六ともうひとりの三人が座っている。柏木は天皇のすぐ側に座ろうとしたが、江原の横になった。この召しを「実ニ有リ難ウ感ジ陛下ノ為ニハ生命ヲ献ケ奉ラントノ思モ起」った、云々という内容であった（大正二年四月一四日条）。

また、天皇の「御大葬」の時刻に合わせて「殉死」した乃木についても、柏木は正式な形としては『月報』第一六八号で触れ、乃木の心情に親近感を示しつつも、自殺そのものについては批判している。日記でも同様に、自殺の翌日の記事に「夏の夜も根さめがちにてあかしける世のため思ふことをゝくして」などの「御製」を七首書き抜き、昨夜の乃木の事件に言及する。そこでは、乃木の「赤キ心ノ純潔」「赤誠」は評価する一方、「東洋ノ教ハ駄目ナリ」と「殉死」を肯定する思想の体系を批判している。しかし、この年の秋の聖日礼拝や信徒の家庭での集会でも数回にわたって乃木の「殉死」を主題にした説教をしており、さらに日記では、かなり後になっても乃木の日露戦争従軍中の作と伝えられる漢詩を抜き書きしたことが数例あったりして、[19] 乃木の「殉死」へのキリスト教信仰からする原則的批判とは別に乃木自身に対するかなりの思い込みを示している。乃木の「殉死」を汽車の車中の会話や床屋政談の話題にした一般庶民[20]とある部分で共通するような乃木への関心を柏木はもった。

こうした、柏木義円における明治天皇や乃木希典のイメージの意義を評価することは難しいが、彼の〈普遍〉への志向の問題を考える場合には、その儒教思想との関連と並んで看過できない問題である。

柏木義円は、キリスト教思想を福音の信仰として受容し、安中の地からそれを伝道することを生涯のわざとしたが、それと同時に「やはり」明治の人でもあったのである。

註

（1）　明治末期というのは、具体的には一九〇八年（明治四一）の母やうの死以後、という意味である。片野、前掲書によれば、柏木は母の死によって深い内省を与えられ、以降、信仰告白の文章を多く書くことになった、という（第5章）。市川「柏木義円と黎明期の群馬」（『群馬・黎明期の近代』群馬県立女子大学、一九九四年）も同趣旨である。そこで、本章では、母の死とその周辺の時期、つまり明示の末期ないし大正の初期という、柏木が思想的にとくに深化を見せはじめたと思われる時期に限定しておきたい。

（2）　片野真佐子『柏木義円日記』（行路社、一九九八年）による。もとは同志社大学所蔵の柏木清子文書なかの柏木義円日記。以下、日記はこの書による。

（3）　幕末に生を受け、明治に思想的営みをもった、柏木以外のキリスト者、たとえば同じ組合教会に属した、熊本バンド出身の海老名弾正や小崎弘道などの、儒教的ないわゆる伝統思想に少なからぬ関心をもった人物もいたが、柏木の場合は、生涯にわたって、おおむねいわゆる福音主義的な信仰を愚直なほどに持ち続けた点で、彼らをは一線を画していると考えられる。なお、現在その所在は確認できないが、柏木には『日本倫理彙編』を購入した形跡もある。またこのことに関して、日記の一九一一年（明治四四）六月一五日条に「隼雄ト共ニ書籍ヲ整理シ殆ンド全日ヲ費ヤス。倫理彙編ノ陽明学派ノ中巻紛失」とある。隼雄とは柏木の長男である。この時、隼雄氏は一八歳。この後、隼雄氏はオベリン大学、エール大学に留学して帰国後、原市教会牧師などを勤めた。

（4）　この書は、現在、高崎市の新島学園短期大学に所蔵されている、和書九五冊、洋書一三五冊からなる「柏木義円、隼雄氏寄贈図書」に含まれている。これらの図書はもとは柏木隼雄氏、清子氏夫妻の管理下にあったが、いまは同短期大学に寄贈本として収められている。『陽明学新論』は、刊行年やその書き込みの筆跡から判断して、隼雄氏ではなく義円の蔵書であったと考えられる。以下の行論では、この書を義円の蔵書として扱い、その傍点や書き込みを義円によるものとして考察の対象とする。高瀬（一八六九〜一九五〇）は、京都帝国大学教授を務めた陽明学者である。

なお、このコレクションのうちの和書に関して、柏木が最後まで読んだ形跡のあるものは案外少ない。はじめの部分しか書き込みがなかったり、まったくの新本のようなものさえあったりするなかで、『新論』は一九〇二年（明治三五）、松栄堂刊の『先哲叢談』と並んで朱で傍点を入れ、毛筆や鉛筆で書き込みをしながら読んだ数少ないもののひとつである。葦編三絶のことば通り、何度も繰り返して読んだらしく、解けた綴目を締めるための紐を通した穴の跡もある。因みに、『先哲叢談』には傍点、傍線のみが施されている。蛇足ながら、彼が関心をもって読み、なんらかの形跡を残している書物は、このコレクション中の和書では、東洋思想あるいは日本思想関係の講座ものや研究書が多い。

（5）日記の記述などによれば、本書Ⅰ部第1章で言及したように、少なくとも与板の真宗寺院である長明寺の前波善学とのあいだで書簡のやりとりをし、時には『月報』などを送付していたことがわかるので、真宗や真宗の寺院間のある程度の情報は常に得ていたものと思われる。

（6）正信偈は、親鸞の主著『教行信証』の第二巻である行巻の最後に付せられた七言一二〇句の韻文である。浄土信仰の依って来るところの概略を述べたもので、真宗においては仏事の際に読誦され、また在家でも日常的に依用される。なお「仙教」は道教の信仰、「楽邦」は浄土仏教、浄土信仰をさしている。

（7）『月報』第六九号の「黄禍論の真解決」で柏木は、「倫理的の宗教を尊ぶ者は組合教会に入るべく、理論若くは法律的宗教を喜ぶ者は、……日本基督教会に入るべく、他力の本願を達せんと欲する者は「メソジスト」に入るべし、……陽気なる囃子に其心魂を躍らせて其間に祈念を籠む法華宗の如きは正に救世軍に入りて以て其満足を得可なり」と述べている。この発言は、プロテスタントの各教派の特徴を言い得て妙であるが、それはさて措き、このように、彼は組合教会を「倫理的の宗教」として位置づけていた。この位置づけ、そしてそれに基づく自意識は柏木から一生離れなかった。

（8）　これに関しては、柏木と同じ組合教会に属した海老名弾正の場合などは、より顕著な「影」があった。
（9）　佐波亘『植村正久とその時代』第五巻（教文館、一九三八年）。
（10）　植村、海老名両者の思想的相違について論じるとすれば、このキリスト論だけでなく、復活論などについても言及すべきではあるが、それは筆者の能力を超える。
（11）　一八〇八年三月の「求道者の決心を促す」なる説教（『植村正久全集』第二巻、植村正久全集刊行会編、一九三二年所収）。
（12）　吉馴明子『海老名弾正の政治思想』（東京大学出版会、一九八二年）第二章。なお、海老名についての叙述はこの書に多くを負っている。
（13）　海老名は、自分自身、あるいは人間を神の子・「赤子」と称している。
（14）　『新人』一九〇二年四月「基督観（その二）」（傍点省略）。ここにみえる海老名の思想は、さきの植村批判の発言とは論理が一貫していないように見える。これより半年前のさきの植村批判では、神が人となった、という「キリスト論」に対して即物的な批判を展開していたが、この「基督観（その二）」では、「性情」「像」「実体」といったさきには見えなかった語が用いられていて、やや論理が曖昧になっている。
（15）　『新人』一九〇二年二月「福音新報の紹介文を読む」同。このように、かつて植村を批判したときの論法とは殊なり、明確に神の子たるキリストの〈神性〉を認めたことを海老名は「福音」として了解した。
（16）　『新人』一九〇二年一月「三位一体の教義と余が宗教的意識」同。佐波は、植村を「訥弁・直情径行」、海老名を「雄弁・調子の善き人」と称している（前掲佐波論文）が、「真人は即ち神像ではないか」と即断するところなどからは当然なされるべき評価であろう。
（17）　一九一二年（大正元）八月四日条の記事は、片野『柏木義円日記』には載せられていない。
（18）　そのような柏木の側面について、本書補論「柏木義円の明治――「福音」と明治天皇」で論じている。
（19）　たとえば、大正元年一〇月一二日条など。
（20）　大濱徹也『乃木希典』（雄山閣、一九六七年）「乃木の死がとうじた波紋」。

補論　柏木義円の明治——「福音」と明治天皇——

はじめに

柏木義円について従来は、おもに同志社在勤中などの井上哲次郎とのあいだの宗教と教育をめぐる臣民教育批判論争、およびその後の教育勅語批判の問題、日露戦争や第一次世界大戦時の非戦論、彼の属した組合教会の朝鮮伝道批判などが集中的に論じられてきており、それらによって思想家としての柏木義円像が有効に浮かび上がってきている。

そこで明らかになったことは、柏木義円がそのキリスト教の「正統」的福音信仰(1)によって教育勅語に象徴される国家主義的な教育構想に対して根本的な批判、そして独自の「倫理」感覚に基づく戦争批判、非戦論の展開をなし得た人物であるということであった(2)。そしてこうした成果によって近代思想史のなかでも、とりわけ教育論・教育思想や非戦論の分野などにおける、柏木研究を通してみたキリスト教思想の果たしたことがらの重要な部分が明らかにされている。

しかし問題も残っている。柏木の思想を考察するにあたって従来はあまり取り上げられてはこなかった重要な問題がいくつかある。私見によれば、さしあたり二点ある。

　第一に、柏木の出自に関わる「伝統」思想受容と「福音」理解のせめぎあいの問題[3]である。越後与板の真宗大谷派の寺の住職の長男として生まれ、幼少時は九代住職たるべく得度を受け、一定（以上）の仏教や漢籍などの教養を得ている。この問題に関しては本書「I　柏木義円と親鸞」で詳しく述べたとおりである。さらにそれに加えて彼は生涯にわたり、仏教や儒教に深い関心を持ち続け、関係する書籍を購入しているし[4]、安中教会牧師に就任した翌年から一九三六年（昭和一一）一二月に第四五九号で廃刊するまで事実上主宰し続けた『月報』の毎号の巻頭論文においても仏教思想や現今の仏教界の動向について鋭い論陣を張ったり、儒教思想を援用、引用して「福音」を説いたりすることもあった。また日記においてはときに縦横無尽に書き記している[5]。筆者は本書II部第3章において柏木における陽明学思想の受容・理解の問題を論じている。しかし、それ以外ではこの問題についてその重要性は認識されながらも現実にはほとんど看過されてきており、それらについては筆者も含めて今後の課題としなければならない。

　そして第二には、「明治」の人としての柏木の、思想というよりもむしろ心性の問題である。なんらかの論理化、客体化を経た思想ではなく、心情、心性のレベルに属することがらで、具体的には、柏木の明治天皇観である。そしてこれは明治天皇の死、「明治」という時代の終焉、乃木希典の「殉死」という一連の継時的なできごとを同時代人としていかにとらえ、内在化させたか、という問題でもある。

近代史にとって、〈天皇〉がたいへん重要な意味をもっていたことは今さら指摘するまでもないことであるが、やっかいなことは、天皇という場合、いわば天皇制という国制の問題と明治（および大正、昭和）天皇個人にかかわる問題とがあるからである。もちろんこの両者を截然と分けることが適切でない場合も少なくないと思われるが、近代における天皇という存在がとにかくこの二つの異なる次元の要素を包含していたことは留意しておかなければならない。もちろん、柏木はこのうちの前者に類することについても、たとえばキリスト教信仰の立場から見た天皇という存在に関する論文を『月報』誌上に発表することもあったが、この第二の点に関して指摘しようとすることはおおむね後者にかかわっている。「正統」的で堅固なキリスト教信仰に基づき生涯にわたって警世のことばを発し続けたこの柏木義円にしてもなお、天皇、とりわけ明治天皇を重く受け止めているのである。

本論はとくに右の第二の点から「柏木義円の明治」、したがって明治末期の柏木に焦点を当てて考察を加えようとするものである。

一　歴史的所与としての天皇について

柏木義円における明治・明治天皇の意味を考察する際の前提として、まず彼が天皇・天皇制といった国制のありかたについていかなる見解をもっていたのかを確認しておきたい。

柏木が若き日に、井上哲次郎を論敵としていわゆる宗教と教育の衝突という論争を挑んだことはすでに指摘したとおりである。その後では加藤弘之とのあいだで、国家とキリスト教についての論争も行っている（『月報』第二四号、一九〇〇年。なお、このとき加藤は貴族院議員であった）。いわゆる宗教と教育の衝突論争は井上を頭目として構想された、教育勅語に根ざした国家主義的な教育、道徳の理念に対する、キリスト教信仰に基づく根本的批判として機能した。

同志社予備校に在職中の三二歳の柏木は、東京帝国大学教授井上哲次郎に対して論戦を挑んだ。一八八二年一一月二〇日付の『同志社文学』第五九号において、いわば総論としての「勅語と基督教」、同じく一二月二〇日付けの同第六〇号において前号の総論を承けての各論に相当する「勅語と基督教（井上博士の意見を評す）」と題する論文を発表した。これをきっかけに、柏木は自らの天皇（制）観についてさまざまな機会におおやけにすることになる。[6]

そしてこれから四十年以上あとの一九二六年（大正一五）一二月刊の『月報』第三三七号、三月刊の第三四〇号にそれぞれ「教育勅語と基督教」上・中・下と題して、二頁にわたるその時点での、井上がはじめはその筆者を小崎弘道とまちがえていた等の自らの思い出などを付して肯定的に再録しているから、三二歳のときの勅語観、天皇観は生涯を通して変わらぬものでもあったことになる。[7]

右の論文において表明された柏木の天皇観は、①勅語に体現された天皇（制）イデオロギーとキリスト教とは矛盾せず、両立し得る、②「神聖」性を認めるべき権威は天皇ではなく神である、そして孔子やソクラテスと同様、キリストの本領は「皇天」「天父」なる「独一真神」に仕える敬虔の念にあり、忠や孝などの道徳はその中に含まれている、③天皇は道徳上の聖主であるのだからと徒らに忠孝を強調するあまり、天皇の上に「最上者」（神）を置くことを排除してはならない、等の点に集約される。

さらに①に関しては、キリストはいかなる体制の国家に対しても通有する道徳の大本を教えるから、井上のいうようにキリスト教はけっして無国家主義ではない、②に関しては、天皇は国家元首として国民に普遍的道徳を訓示することに限定される存在であって「法皇」ではない、といった論点を浮かび上がらせる。

つまりこの問題についての柏木の思想は、宗教のレベルの問題と（国民）道徳の領域のことがらとを、前者は後者に優越させて峻別したうえで、キリスト教の神は宗教的真理の、天皇は国民道徳の主体であって両者は同次元で競合するものではないから、キリスト教は教育勅語および天皇（制）的価値規準・体制と同化し得るもので、両者は両立する、という「家族国家」観[8]そのものの護教論の域を出ないものである。

いわく「基督は……先づ人心の根柢を新にして、敬神、愛人の誠意を立てしむるなり。此誠意を一たび立てば、親に対しては孝となり、兄弟に対しては悌となり、朋友に対して信となり、弱者に対して慈となり、国家に対しては忠となり、往く所として宜しきに適はざるはなし」（一二月二〇日付）、また「道を以て君父の上に在るものとなし、君父臣子共に之を畏敬して其道念を満足せしめんと期するもの」であった（一一月二〇日付）。

柏木は論の明晰さ、立脚点の堅固さなどにおいて井上にはまさったけれども、明治国家の標榜する天皇制的な秩序の中に自身が存在することを自認し、また存在すべきだと考えていたことは間違いないだろう。むしろ、柏木自身、キリスト教が教育勅語そして明治憲法という象徴によって表われている国家秩序に矛盾しないことをことさらにキリスト教界の外部に対して宣伝しているようにさえ見える。そして、そうであるがゆえに、基本的には天皇制的秩序意識に基づくこうした思惟が大正末期ころの柏木にも健在であったことはあらためて注目しておく必要があると思われる。かつかつての一八九二年という早い段階でも、一九二六年の段階でも柏木は明治天皇あるいは大正天皇などという固有名詞をもって当該問題について語ったことがなかったわけではないが、彼の思惟においては一般論あるいは国家の存立の根底に関わることとして天皇の問題が意識されていたのである。

しかし、それはそれとして、おそらくその脳裏ではこうした固有名詞の力はいわば、非合理的なありかたで充分に強く働いていたように思われる。

つまり、明治維新直前に生まれ、若い天皇を擁して西洋先進諸国に伍さんと国家建設に邁進していた明治の早い段階で幼少時の教養を得て成長したキリスト者柏木は、成年以後にもった信仰に根ざした人間観・天皇観とともに、同時代的な大状況に依存する要素をも併存させる重層的な天皇観をもっていたことが了解される。

二　明治の終焉にあたって

明治天皇は一九一二年（明治四五）七月二九日午後一〇時四〇分に死去した。もっとも公式発表は、践祚式の準備のために三〇日午前零時四三分とされた。なお、践祚式は午前一時から挙行された。

天皇が「御重態」に陥ったと発表されたのは七月二〇日のことで、[9] 宮内省はこの日午前一〇時三〇分に公示しており、七月二一日付の各新聞で報道された。柏木の購読していた『万朝報』でも二一日分で「天皇陛下御重態」として一九日の段階で体温四〇度五分、脈一〇四、呼吸三八などときわめて具体的に報道された。この日以降、連日「御容態」が報道されていたので、読者は逐一天皇の病状を承知していた。そして二三日付けには天皇の病気平癒を祈る皇后以下、仏教各宗派、各寺院などでの平癒祈禱、一般の祈願の様子も報道され、東京・芝の浄土宗増上寺での祈禱の場合は写真入りで報道された。

こうした事態をうけて上毛およびその周辺の諸教会でも「御平癒」を祈る祈禱会を開いた。たとえば足利教会では三〇日の午前五時からの早天祈禱会が持たれ、その席上、司会者が「已に死せるものを甦らせ玉ひし全能の主よ、仮令　至尊の御病状が甚だ御危篤に臨み、諸事絶望の外なしと人目に見ゆるとも希くば、全能の御手を延ばして御全快を与へさせ玉へ」と祈った直後、会衆に「御崩御」を告げたという。なかにはこのようないささか芝居がかった祈禱会さえあったようで、安中教会でも有志が集って連夜祈禱会をもっている（『月報』第一六六号）。

柏木の日記では二二日にはじめて天皇の病気重態のことが記されている。いわく「二十日ヨリ天皇陛下重態トノ発表アリ毎日其容体五回ヅツ新聞紙上ニ現ハル」、以下である。ただ柏木の場合は、先を争ってなされた仏教各宗派の祈禱や安易に天皇をイエスになぞらえてその〈復活〉を祈った足利教会の司会者などとは根本的に異なる視点をもっていたことに注目しなければならない。それは柏木が、天皇が「物質法」の支配下にあることを明確に言い切っていることである。右の記事に続いて柏木は「先ヲ競フテ祈願ス」る「神仏基」「彼ラノ祈リノ蒙昧如何　其信仰如何」と批判的に問いかけ「聖上ヲシテ神の位地ニ居ラシメ道義ノアウソリチータラシメントスルモノハ誰ゾ　嗚呼《（ママ）》人世至上ノ位地ニ在ルヘキモノハ不幸ナルカナ気ノ毒ナルカナ」（『日記』同日条）と喝破しているのである。

天皇といえども「道義法・宗教法」ではなく「物質法」（法とは次元というほどの意味か）による存在であり、けっして神自身ではないことを述べているのは若き日の天皇観のひとつの側面そのままであるが、さらに制度を超えて、天皇を神格化することが天皇その人にとって「不幸・気ノ毒」であるという、人としての天皇個人を信仰に基づいた愛の対象とさえなし得るに至っている。それは天皇の重態中に安中の小学校の生徒も例にもれず、平癒祈願のために神社参拝に動員させられたことを知って「今日学校生徒熊野神社ニ参拝ス今回ノ事ニ依リ如何ニ偽善ト猥瀆ト信仰自由侵犯トガ行ハル、カ知レズ、ア、偽善国」（同二四日条）とつぶやいていることからもわかる。つまり、天皇個人の重病という「不幸・気ノ毒」なことについて、愛による一なる神への真の祈りを蹂躙して神社参拝をさせる「偽善」の祈りが横行していることをキリスト者として告発するのである。この態度は、柏木がたんに論客としてではなく、安中なる田舎で足を地につけ伝道、牧会する日常のなかで獲得され、醸成されたものであったといえる。[10]

とはいえ柏木を含む当時のキリスト教界といえども天皇制のくびきのなかにあったことは厳然たる事実で、安中教会も他の教会と同様に、明治天皇の死去をめぐる波に呑まれていったのである。

七月三〇日朝、教会の近所の碓氷郡役所の掲示板に「陛下今暁零時四十三分崩御ノ旨」を見た柏木は『月報』執筆のために掲示から二つの文を書き写して教会に戻った。そして翌日には湯浅氏など教会の主だった人たちと来たる八月「四日ノ哀悼礼拝執行ノ事ヲ相談」している（日記同日条）。その日の聖日礼拝は「大行天皇奉悼礼拝」として「質素ナル装飾ヲ施シ」柏木は「フロックコートニテ説教」した。なお、この日の礼拝に先だつ日曜学校では仁徳天皇の故事とダビデを取り上げ「善キ王トシテ人民ヲ愛シ神ヲ敬フ」ことを話した[11]（同八月四日条）。

一九一二年（大正元）八月に発行された『月報』第一六六号は恒例の巻頭論文のあとに特別の黒枠つきで「大行天皇陛下御登遐」と題する、四五年にわたって「我儕国民の疾苦を御一身に負ひ我国運の発展に大御心を労し玉ふた」亡き大行天皇に対する哀悼、感謝と皇室への神の佑助と慰藉とを祈る文章を掲載している。この文章に込められている編集人を名乗る筆者柏木の心中は単純なものではなかっただろう。柏木はこのとき大状況としての明治国家の埒内で、キリスト教信仰に基づく故天皇個人への思いという小状況に取り囲まれていたのである。しかし、後者の故天皇への思いは〈神と人とを愛せよ〉（新約聖書『ルカによる福音書』一〇：二五〜、等）という宗教的メッセージに基づく隣人愛だけによるものではなかったように思われる。

三　明治天皇という存在

明治国家における国民が明治天皇を意識した手段は「御製」「御真影」と、「御巡幸」などを含む天皇の「ページェント」の三者であったという[12]。このうち、柏木にとって当面の重大な関心の対象となったのは「御製」によって明治天皇に親しく触れる感覚をもったと考えられる[13]。しばしば正統的な福音主義的キリスト者と評される柏木にとっては、明治天皇はある意味でアキレス腱のような存在であったといえる。それは、彼が「御製」を引用したり、それについてコメントを付したりしたのが日記であって、けっして『月報』の誌上ではなかったということから充分に裏づけられよう。

故明治天皇の「御大葬」が挙行されたのは一九一二年（大正元）九月一三日であった。この日の夜八時に葬列が皇居から葬場の設けられた青山練兵場に向けて出発するのに合わせて安中教会では『ローマの信徒への手紙』第一三章の朗読、祈禱、説教などから成る「敬弔式」を行い、柏木は日記にもそのことを書きとめている。

そしてこの前後の日の条に柏木はしばしば「御製」を引用しているのである。七日には、平安時代に成立した仏教説話集、『宝物集』[14]（巻五）所載の「梅が香を桜の花に香はせて柳の枝に咲かせてしがな」をはじめ「御製」以外の数首をメモしたあとに「日露戦争中ノ御製　四方の海みなはらからと思ふ世はなど波風のたちさはぐらん」として書き抜いている。「四方の海」の歌は一九〇四年（明治三七）の日露開戦時の著名な作であるが、正式な表記とは若干異なることに注意したい。「四方」は「よも」、「思ふ世は」は「思ふ世に」の誤記である。この些細な錯誤は、記主が何かを参照しながらこの歌を日記に書きとめたのではなく、彼自らの記憶に従って書いたことを示している。つまり、このことは柏木がいくつかの「御製」をつねに暗誦していたこと、それほど「御製」に親しんでいたことを意味しているのである。

こうした明治天皇への柏木の思いは、天皇の死の翌年の特異な夢の記録にも明白に示されている。それは同年四月一四日条で「先帝陛下ニ召サレ、共ニ語ラントシ玉フナリ」というものである。学校の教室のような所に人が多数集っていて、柏木と江原素六[15]ともうひとりの三人とが天皇と目近に会った。そのあと、食堂のような所で柏木は天皇のすぐ左に坐った云々というものであった。夢を詳細に記録したあと「陛下ニ召サレタルコト実ニ有リ難ウ感ジ陛下ノ為ニハ生命ヲ献ゲ奉ラントノ思モ起リ」と述懐している。もちろん他聞を予想していない日記ではあるものの、書いた時点でのほんとうの思いを探り当てることは難しいことかもしれないが、ともかくも彼がこのとき、夢のなかで親しく接してくれた明治天皇に対して「生命ヲ献ゲ奉ラン」とまでつきつめた思いをもったことは事実である。これは天皇の神格化を厳しく批判する天皇（制）についてのいわば公式的見解とは別の思いが柏木において存在していたことを示すものである。さらにこれが明治天皇の死から九カ月近く経ってからの夢であったことも特筆されるべきであろう。尋いで、日記の「御大葬」の翌一四日条には「夏の夜も根さめがちにてあかしける世の為め思ふことを丶くして」をはじめ「語勢」を七首ほど書き抜き、それに続いて乃木の死に言及する。ちなみにこの部分の書き抜きも右の「四方の海」と同様の事情である。

このように柏木の明治天皇への思いは、天皇に〈殉死〉した乃木希典への思いと複雑に交錯していた。

周知のように、乃木希典、静子夫妻は明治天皇の「御大葬」の葬列の開始の時刻に合わせて割腹自殺して果てた。この事件がひろく国民のあいだに大きな衝撃となって走ったことについて詳しく述べることは避けるが[16]、既出の『万朝報』のような一般紙などでも天皇の死去に勝るとも劣らないほどの関心をもって数日にわたりその詳細を伝えている。主筆の黒岩涙香は「乃木将軍の自殺を聞きて」という欄を「実に乃木将軍は神にて在はしき」と述べることをもってはじめ「今日まですぐれし人と思ひしに人と生れし神にぞありける」という歌で閉じており、福音書のイエスについての証言もかくやと思えるほどの興奮ぶりであった（九月一六日付）。

乃木の死について柏木は「其赤キ心ノ純潔、陛下ヲ愛シ奉ルノ赤誠ハ飽迄見ル可キモ、惜シヒ哉、キリストニ由テ現ハレヌル天ノ道ヲ知ラレサリシヲ、東洋ノ教ハ駄目ナリ……益々精神界革命ノ必要アリ」と言い、日露戦争時の作と伝えられた乃木の著名な漢詩（山川草木転荒涼……）を書き抜きなどしている。このあとにも九月一二日条に乃木の「王師百万征強虜《ママ》……」の詩を抜書きしている。またこのころは日記に記すだけでなく、『月報』の論文や聖日礼拝での説教、教会員の家庭集会などの公式の場でもしばしば乃木について語っている。『月報』では第一六八号（一九一二年一〇月）、同第一七〇号など、聖日礼拝では九月二二日の「乃木大将ト自殺」に関する一時間以上も語った説教(17)、翌週の乃木の自殺から説きはじめ、生存の玄義を発見することの重要さに至った説教、といった具合である（それぞれ同日条）。こうした発言からうかがえる柏木の乃木の自殺観はなかなか複雑であるが、本人のことばによるならば「大将ノ死ニ処スル間ノ態度ヤ其精神ニ至テハ絶賞セサルヲ得ス、併シ之ヲ絶賞スルト自殺□物ヲ賞スルトハ自ラ別也、区別セサル可ラス(18)」に尽きるであろう。

つまり、乃木の軍人としての天皇に対する厚い忠誠心（「精神」）は賞賛すべきだが、「東洋ノ教」（この場合は儒教思想が該当するか）に基づく自殺あるいは殉死という死にかたはキリスト教信仰の立場から否定しなければならない。なぜならば「自殺は何と云つても生存の意義が無くなつた所に起る」もので、それに対し「『我れ既に世に勝てり』と叫んで十字架に在て神国の世界征服を望んだ「耶蘇基督」や病床にあっても「生存の意義を自覚して理想と希望を抱いて耐へ忍ぶ者は実に壮烈」である」、したがって乃木の自殺をもって「明治時代の終りを飾りたる旧思想棹《ママ》尾の花と致し」たい（『月報』第一六八号）と言うのであろう。乃木の自殺を旧思想、すなわち「武士道」の権化として、古き明治の世とともに葬ってしまいたい、これからは新しい時代としたいというわけである。したがって、柏木にとって「明治」という時代は明治天皇が死去して、年号が明治から大正に変わったことで終わったのではなく、乃木の自殺という旧い現象をもって真の終焉を迎えたことになる。

柏木の歴史認識の問題として考えるならば、柏木が明治の終わりをもって、ある特定の内実を内包した時代として画されるという明確な時代区分の認識に到達していたことを確認することができる。

おそらく一般論としては、「明治」という時代、これは柏木をはじめとする世代のキリスト者にとってはキリストの「福音」が日本に実質的に最初にもたらされた善き新時代であったはずであるが、いつしかそれは素直に肯定できない質をも備えてしまった。じつは「旧思想」の時代であったということになる。そのことをいやおうなく柏木に認識させたのが明治天皇の死と乃木希典の自殺であった。しかしあるいはそのことに柏木は気づいていなかったかもしれない。

柏木はキリスト教信仰に基づく論理によって、天皇や教育勅語の神格化に典型的にみられる明治国家のありかたや自殺という人の生のよからぬ終わり方を明確に批判ないし否定することができた。しかし、明治天皇個人、そしてそれに連続あるいは付随している乃木への思い、心情がそのこととは別の機制として機能したのである。その意味で、確固とした論理と特殊な存在に規定された心情との葛藤が存在していたといえる。柏木義円という人物における明治天皇とか乃木希典とかという存在の大きさは偶然の所産ではなく、「はじめに」で述べた第一の問題点、つまりいわゆる「伝統」思想の受容という問題と密接な関連をもっていることであろう。さらにこの点は、普遍の宗教的真理と特定の民族的価値との遭遇、葛藤という問題に発展することもあり得るであろう。

しかるにその論理がキリスト教信仰に生起していたことを想起すると、信仰そのものの〈質〉を問わないわけにはいかないのではないだろうか。あれだけ強く日露戦争非戦論を説き、自分の属する組合教会の朝鮮伝道の欺瞞性を突いた。また永く安中にあってこつこつと「永遠の生命、霊魂の不滅といった様の根本問題について」説教し続けた[19]ほどの「正統」的福音〈信仰〉の主体であるこの柏木にして、である。

むすびにかえて

岡山の旧制第六高等学校の中寮の学生たちは、一三回目のこの年の記念祭でつぎのように歌った。[20]

一　新潮走る紅の
　　桜花咲く国なれど
　　春永久の春ならず
　　梢に咽ぶ風悲し

明治の大帝神去りて
世は暗澹の秋の暮れ

旧制高等学校の学生は次の時代を担うべき運命を背負っていることを自覚する、自他ともに認めるいわゆるエリートであった。もちろん第六高等学校の学生の場合もその例に漏れない。彼らは明治という時代を、希望に満ち、紅の桜咲く「春」と見、したがって明治〈大帝〉の死を「世」の「暗澹」と捉えた。まさに明治の終焉は「秋の暮れ」であった。しかし、続いてつぎのようにも歌うのである。

二　嵐の夜にも朝は来て
暁に鳴く鳥の声
新星途にまたたきて
曙色杳む六陵に
大正の春明けくれば
健児の胸に希望あり

「暗澹の秋の暮れ」となった明治の世は、「新星」がまたたき、曙色かすみ、かつてと同じ希望のあふれる大正の春にいとも簡単に転化したのである。

しかし柏木義円は彼らのような、ある種の身の軽さをもってはいなかった。柏木は真宗寺院に生まれ、長じてキリスト教のメッセージを福音として受容して伝道者として生きると同時に、長いあいだ明治天皇という時代の刻印をも背負っていた、そして帝王、国家や父母などによって神を犠牲にすることを戒め、信仰の自由を力つよく説き続けた。また「此世の物、目に見ゆる物は単に天の員実々在の模型のみ」「「真実」なるものは唯天のもの、み(21)」であることを了解してもいた。しかし、明治天皇は「天の真実々在」あるいは「「真実」なるもの」であっただろうか。

柏木は、無量寿経のある文言を独自に解釈した親鸞の「真実信心の人はありがたきゆへに実報土にむまる、人まれなりとなり(22)」という人間に関する洞察を実質的に肯定していたのではないだろうか。「はじめに」で指摘した問題、そして民族の問題は柏木にとってもやはり大きなものであった。

註

（1）　武田清子「柏木義円の臣民教育批判」（『人間観の相克――近代日本の思想とキリスト教』弘文堂、一九六九年所収）。

（2）　柏木に関する従来の研究史の総括は、彼の優れた伝記である片野真佐子『孤憤の人 柏木義円――天皇制とキリスト教』（新教出版社、一九九三年）が最も詳細であり、かつ要を得ている。

また早く、林達夫「柏木義円研究の現状と課題」（『歴史評論』四〇二号、一九八三年）にも、一九八〇年代はじめころまでの柏木義円の研究史が適切に紹介されている。それらによれば、従来の研究においてはやはり非戦論が他の側面に比べ突出して研究されている傾向があることがわかる。

（3） これらについて本書で論じた。

（4） 新島学園短期大学蔵「柏木義円・隼雄氏寄贈図書」には、柏木が読んだと思われる仏教や儒教関係の書籍が多数含まれている。また現在、所在は確認されていないが、日記により柏木が購入した日本思想や仏教関係の図書も少なからずあることがわかる。詳細は、本書Ⅱ部第3章に述べた。

（5） 柏木の当該思想研究の一次史料である日記は現在、同志社大学人文科学研究所所蔵の柏木清子文書、湯浅与三文書中に収められている。この日記の翻刻が、飯沼二郎・片野真佐子編『柏木義円日記』（行路社、一九九八年）、片野真佐子編・解説『柏木義円史料集』（行路社、二〇一四年）として、また書簡類が片野真佐子編・解説『柏木義円書簡集』（行路社、二〇一一年）として上梓されている。これらはいずれも柏木研究において不可欠の書としてきわめて貴重である。これらにより、柏木の日記や書簡が手軽に参照できるようになり、今後の研究の進展が期待できる。が、厳しい出版事情によるとはいえ、たとえば労作『柏木義円日記』には「とくべつ重要な記事のない日」の分は削除されている。これに関する二、三の点については、以下の行論中で指摘する。

（6） 『同志社文学』第五九号所載の「勅語と基督教」のなかに人間観として「人に明徳あり其肖像神に似たり」なる一節がある。ここに見られる思惟は『大学』冒頭の「大学之道、在明明徳、在新民、在止於至善」に基づくものと思われる。筆者はすでに本書Ⅱ部第3章において、少なくとも一九〇六年（明治三九）八月以降に陽明学の思想によって自らの人間観を、いわば鍛え直して明確に認識したこと（柏木は一九〇六年八月刊の『陽明学新論』を欄外に書き入れをしつつ精読している）を論じたが、右の一八九二年の段階でその人間観においてすでに儒教思想からの影響が片言節句ながら見られることがわかる。

なお、この問題に関しては、久保千一『柏木義円研究序説――上毛のキリスト教精神史』（日本経済評論社、一九九八年）のとくに第一章が参考になる。

（7） 『月報』第三三七号は、その前年一九二五年（大正一四）に井上が著した『我国体と国民道徳』にかかわる〈不敬〉事件という「実に気の毒」な「今回の蹉跌」によって、一切の公職から退いて謹慎せざるを得なくなった「博士の末路」に接し、昔日を回顧して休稿を再録した、と記している（同）。
（8）石田雄『明治政治思想史研究』（未来社、一九五四年）。
（9）飛鳥井雅道『明治大帝』（筑摩書房、一九八九年）は、日露戦争中の明治三七年ころから持病の糖尿病が相当進んできていたことを指摘している。
（10）『月報』第一六六号所載の、柏木が執筆する「鶏肋漫筆」欄には、室鳩巣からの引用に続いて「至誠無私の祈禱は直ちに誠を体とする天地の神に通ぜざるを得ず、其の成田たると稲荷たると神社たると仏閣たると山たり野たり海たるとは必ずしも問ふ所に非るなり、唯誠の在る所此れ神の照臨感応し玉ふ所なり」という一節がある。明治天皇死去直後という執筆時期の特殊性を勘案すべきではあるが、彼の日頃の主張とは矛盾するような汎神論的な言辞ではある。したがって柏木もそのひとりであるような、幼年時代に儒教的な初等教育を受けた世代のキリスト者について考える際には、その神観、キリスト論には充分に注意を払っておかなければならない。
（11）この日の日記の記事は、註（5）『柏木義円日記』では省略されている。
（12）T・フジタニ『天皇のページェント――近代日本の歴史民族誌から』（日本放送出版協会、一九九四年）。
（13）それは柏木は「御巡幸」など都会での種々のページェントに遭遇したこともないし、「御真影」については、すでに問題にした「神之肖像」に関わる深刻な論議を経ているから、管見でも彼がこれに言及している箇所は見当たらない。それは柏木がおそらくこの問題を慎重に捉えていたと思われるからである。
　群馬県桐生の絹織物取次業者の書上商店は『書上タイムス』という月刊雑誌を発行していた。これは柏木とは直接の関係はないし、たぶん柏木の眼には触れたことはなかったかもしれないが、その第二巻第九号（一九一二年九月五日発行）は冒頭に「大行天皇御治績」なる五頁の記事を載せ、「先帝御製」一一首で閉じている。新聞のみならずこのようなメディアによって田舎の国民のあいだにも「御製」が周知させられ、それを通して天皇のイメージが浸透せしめられていたことがわかる。なお、この史料の存在には市川祥子氏のご教示に与った。記して謝する。
（14）柏木の日記中には「御製」以外の歌も散見する。そのなかにはおそらく自作の歌もあると思われるが、

『宝物集』所載の当該歌もあった。日記の一九一二年二月一三日条には、書店へ支払う代金を計算するためのメモがあり、その中にキリスト教書の外に（正式の書名ではないと思われるものもあるが）「根本仏教・仏教哲学・真宗ノ教義・日蓮上人ノ教義・古事記通釈・平田篤胤全集第一巻・和訳老子荘子・和訳淮南子・和訳法華経」といった東洋哲学ないし仏教関係の書物が含まれている。そのようなメモは他の箇所にもあるが、（たとえば年月日は特定できないが）「昭和六年」の項を含む日記帳の最後の「吼える日蓮 里見岸雄 一、五〇」（銭）など『宝物集』のようないわゆる文学書はないので、どのような事情でここに「御製」と並んで『宝物集』の歌が書かれているのか、彼がはたしてこの書を読んだのか等の事情は不明である。ちなみに、この里見岸雄は、国柱会を創設した田中智学の三男である。

なお、日記の一九一二年六月一二日条には「倫理彙編ノ陽明学派ノ中巻紛失、岡部氏、吉村氏ヨリ研究費トシテ二十円ヲ送ラル」とあることに注意しておきたい。これによれば、柏木が日本儒学思想の原典を収載している『日本倫理彙編』を所蔵して（おそらく）精読していたこと、甘楽教会（現・群馬県富岡市）の岡部太郎牧師（当時『月報』の「発行兼印刷人」）等から、いわば仏教思想の専門家として遇されその「研究」を委嘱されていたことなどがわかる。岡部牧師は柏木が深く信頼していた伝道者のひとりである。

(15) 江原素六（一八四二〜一九二二）は、キリスト者で麻布学園の創設者として知られた教育者。のちに衆議院議員なども務めた。もちろん柏木とのあいだには特段の関係はなかった。

(16) この問題については、たとえば大濱徹也『乃木希典』（雄山閣、一九六七年）に詳しい。

(17) この説教の記録が『月報』第一六八号の「乃木大将と自殺」である。

(18) この一節は表紙に「明治四十参年四月　漢文」とあり、二頁から「伝道日誌（四十四年十月廿六日ヨリ」とある。たぶん長男の隼雄氏の学校用ノートの裏側のページから記されている「△乃木大将自殺問題」と題された四カ条の二番目である。しかし、正確な執筆時点を特定することはできない。なお、これも註（5）の『柏木義円日記』では省略されている。

(19) 管井吉郎『柏木義円伝』（春秋社、一九七二年）に伝える安中教会の会員の証言。

(20) 南惣平、宇野操一郎作詞「大正二年中寮々歌」（日本寮歌集編集委員会編『日本寮歌集』国書刊行会、一九六六年）。

（21）　柏木『希伯来書略解』（警醒社書店、一九二〇年）。

（22）　「尊号真像銘文」（広、略本とも。『親鸞聖人全集』第三巻）。

あとがき

本書は、柏木義円論である。問題関心は柏木の思想形成史にある。

私が柏木義円への関心をもったのはかなり以前ではあったが、具体的に『上毛教界月報』をよみ、それにより何かを論じる、というところまで達したのはだいぶん時間が経った後のことだった。一九八八年春に今の勤務先に赴任し、その後一九九〇年に同僚の故松本鶴雄、稲野強、片桐庸夫といった先生方との「群馬・黎明期の近代」と名づけられた共同研究にお誘いを受けたことが直接のきっかけだった。その共同研究は四年続き、いよいよ五年めに報告書をまとめなければならないことになり、急遽、私はえいっとばかりに柏木義円論のエチュードを書いた。なお、その報告書には当時学長を務めておられた平岡敏夫先生も論文を寄せられた。

このような経緯で私は柏木義円と出会ったのだが、おそらく今後これほどの人と出会うことはないだろう。かつてこの日本において生を得た親鸞とか柏木義円といったような人物と出会うことができたことはこれまでの私における最大の喜びと思う。

その後、二〇〇一年五月のはじめ、片野真佐子先生から初めてお電話をいただいた。もちろん片野先生は私が最初に柏木義円論を執筆した時点から多大な学恩を受けていた方である。先生の

『孤憤の人 柏木義円――天皇制とキリスト教』が出されてまだそれほど経っていないころであった。とくに何ということのないお話ではあったが、あの『孤憤の人』の著者が予想どおりの精力的な方であることに驚き、またその方に覚えていただいていることに喜びを感じ、今後の柏木への取り組みに意欲が掻き立てられた。とはいえ、私自身の柏木理解は中心に据えるべきコンセプトを見つけるに至らなかったため、なかなか進まなかった。

ところが数年前、ふと気づいた。以前から気にはなっていた、キリスト者になる前の柏木義円の、いわば「前史」に関することである。幕末、真宗の寺に法嗣として生まれ、一時は住職同様のよすぎをしていた彼がいかなる回心を経てあのようになったのか、という大きな疑問である。そして、大学の卒業論文以来、親鸞を相手にしてきた私にもしかすると可能なことは、その「前史」を掘り下げることだ、と気づいたのである。そのあとはそれほど困難は感じなかった。柏木義円の『上毛教界月報』などの文章を丹念に読むあいだ、柏木義円という人物と対面をして彼の呻吟を傍で聞いているような気がした。「金剛の信、有り難し」という親鸞の悲痛な想いを柏木義円という人も共有していたことを実感したような気がした。そのあいだ、彼ら大先輩たちどうしの対話を聞いているようで、じつに楽しい時間ではあった。

すでに先考の年を超え、柏木義円の年に徐々に近づき、まだまだ先のことではあるが確実に親鸞の年にまで近づきつつある。これまで柏木義円の文章を読み柏木の人となりに徐々にふれるようになったとき、故原田隆吉先生がふとした折に正信偈の一節を漏らされたこと、源了圓先生からやはり正信偈の「煩悩鄣眼雖不見　大悲無倦常照我」に関する想いをうかがったりしたことなどがしばしば想起された。そして柏木義円からも両先生と同じようなつぶやきを聞いたような思いにとらわれたことがあった。これは柏木義円の文章にふれた者のみに許された余得である。柏木義円とはそういう人であった、と思う。少なくとも私には。柏木義円と出会い、なにがしかのことを彼から承けることが許されたことは、なによりもの財産となった。

かくして柏木義円についてのはじめての書を上梓することができた。ここまで至ることができたのは、まずは、先に書いた共同研究のおかげである。つい先日松本鶴雄先生の訃報に接した。かつてのご指導に感謝したい。そして何よりも『孤憤の人 柏木義円――天皇制とキリスト教』をはじめ柏木の書簡、資料集を整然とまとめられ、つねにたいへん力つよいことばをくださる片野真佐子先生の学恩に甚深の感謝を申し上げなければならない。そして、最後になったが、西光寺、西広寺のご住職、ご寺族に感謝を申し上げる。

一段と厳しくなってきつつある出版事情のもと、本書の出版を快諾してくださった書肆、ぺりかん社編集部の藤田啓介氏にも感謝を申し上げたい。

二〇一六年五月一七日

市川浩史

著者略歴

市川 浩史（いちかわ ひろふみ）

1956年，徳島県生まれ。東北大学大学院文学研究科博士後期課程単位取得退学。博士（文学）。群馬県立女子大学文学部専任講師を経て，現在，同大学文学部教授。

専攻—日本思想史

主著—『親鸞の思想構造 序説』（吉川弘文館），『日本中世の歴史意識——三国・末法・日本』『安穏の思想史——親鸞・救済への希求』（以上，法蔵館）

装訂——鈴木 衛

柏木義円《かしわぎぎえん》と親鸞《しんらん》
近代のキリスト教をめぐる相克

2016年6月25日　初版第1刷発行

著　者　市川 浩史

発行者　廣嶋 武人

発行所　株式会社 ぺりかん社
〒113-0033　東京都文京区本郷1-28-36
TEL 03(3814)8515
http://www.perikansha.co.jp/

印刷・製本　閏月社＋創栄図書印刷

Printed in Japan

ISBN 978-4-8315-1441-7